# 欧州統合史のダイナミズム

## フランスとパートナー国

ロベール・フランク【著】
廣田 功【訳】

日本経済評論社

目次

# 序　文

本書の五つの章は、二〇〇二年四月に私が日本で行った講演をもとに作成されたものである。これらの講演を準備し、通訳を担当した廣田功教授に心よりお礼申し上げるとともに、日本学術振興会の貴重な援助に対しても感謝の意を表したい。ここで扱われているテーマは、すべてヨーロッパ建設、とりわけその歴史的プロセスにおけるフランスの役割をめぐるものである。(1)

建設の途上にあるヨーロッパと一つの国の間の関係は、次のような集合アイデンティティー identités collectives の問題を提起する。たとえば、フランスのアイデンティティーのように古くからあるナショナル・アイデンティティーは、ヨーロッパ・アイデンティティーという形成されつつある新しいアイデンティティーに対して、どのように位置づけられるのだろうか。ヨーロッパ・アイデンティティーが、ナショナル・アイデンティティーより古くかつ新しいという二面性を持っているだけに、この問題はなおさら複雑である。歴史家ジャック・ル・ゴフは、この複雑さを次のように見事に定式化している。「ヨーロッパは古くから存在すると同時に未来である」(2)。こういうわけで、本書にとって、まずヨーロッパにおける「さまざまなアイデンティティー」の概念に関する考察から始めることが重要となったのである。

続く二つの章は、フランスの活動、フランスのヨーロッパ政策とその変化（第2章）、さらに経済近代化のための最良の手段としてのヨーロッパ建設という希望に対応した、ヨーロッパ建設に対するフランスの動機（第3章）をより明瞭に示している。この二つの章は、ヨーロッパ建設における「国民的利益」の重要性という問題、さらに建設の途上にあるヨーロッパ内部におけるパワーと影響力の追求という問題を提起している。

後の二つの章は、フランスがドイツと形成する「カップル」の中で（第4章）、さらにイギリスおよびドイツと形成する「トリアーデ」の中で（第5章）、ヨーロッパ建設のプロセスにおけるフランスの役割を歴史的に検討している。これらの章は、「ヨーロッパ秩序」ないし「ヨーロッパの均衡」という概念に関する考察とともに、これら三国の間の比較に手をつけている。

この慎ましい著作の目的は、ご覧のように、ヨーロッパ建設に関する新しい研究について説明することである。フランスの例を通じて、しばしば政治学者が使う興味ある概念の利用や新しい史料の検討のおかげで、研究史を一新しつつあるような最近の一連の研究を伝えることが実際に可能である。(3)

〔訳者注〕フランス語には日本語の「ヨーロッパ統合」に当たる表現として、"construction de l'Europe" と "intégration de l'Europe" の二つがあり、一般に歴史家は前者を使用する。フランク氏によれば、これら二つの用語は、コンテクストによって意味が同じ場合と異なる場合がある。政治的な意味で "intégration" を使う場合、政府間協力の形態を含まず、超国家的ないし連邦的な「構造化された」structurée 統一だけを意味する。また経済的な意味で "integration" を使う場合、共同市場や通貨同盟のように、〔構造化された〕経済空間の建設を意味する。したがって "intégration" に比較して、"construction" の方が、ヨーロッパ統一のためのより広い活動を含むことになる。この違いを考慮して、本書では、"intégration" を「統合」に、"construction" を建設に訳しているが、この違いを承知のうえで、「建設」は事実上「統合」を意味すると解してかまわない。

注

（1）これらの講演のタイトル、開催日、場所は以下の通りである。「フランスとヨーロッパの建設――連続と変化」（四月一二日・東京日仏会館）、「二〇世紀におけるヨーロッパ・アイデンティティーの形成」（四月一五日・関西大学、四月二二日・法政大学）、「仏独和解とヨーロッパ建設」（四月二〇日・名城大学、四月二五日・横浜市立大学）、「ヨーロッパ建設における英仏独トリアーデ」（四月二四日・中央大学）、「フランス経済近代化とヨーロッパ建設、一九四五～二〇〇二年」（四月二六日・東京大学）。

（2）Jacques Le Goff, *La vieille Europe et la nôtre*, Paris, Le Seuil, 1994, p. 7.

（3）フランスでは、ジョルジュ・ポンピドゥー、フランソワ・ミッテラン、ミッシェル・ドゥブレの史料の公開がヨーロッパ統合史家にとって非常に貴重である。

# 第1章　二〇世紀におけるヨーロッパ・アイデンティティーの形成

ヨーロッパ人とは何か。この疑問に答えることは本当に難しい。一部の人は、「ヨーロッパ人であること」が、何か積極的な意味を持つかどうかとさえ、自問自答する。ヨーロッパ人にとって、自分のことをヨーロッパ人と呼ぶよりは、イギリス人、ドイツ人、スペイン人、フランス人あるいはギリシャ人と呼ぶ方が気楽である。他の大陸の住民にとっては、ヨーロッパ人を特定し、アメリカ人からさえヨーロッパ人を区別することは、ほぼ自然なことである。他のヨーロッパ人との類似性や非ヨーロッパ人との違いは遠くで実感されるので、ヨーロッパ人が、自分の国にいるときよりも一層ヨーロッパ人であると感じるには、ヨーロッパを離れなければならない。提起されるのは、まさにヨーロッパのアイデンティティーと複数のアイデンティティーの問題である。ヨーロッパの住民の場合、ナショナル・アイデンティティーと、とくにヨーロッパ的なアイデンティティーが占める割合はどうなっているのか。さらに地域あるいは地方のアイデンティティーが占める割合はどうなのか、と問うことも出来よう。

アイデンティティーは、自然が与えたものではなく、歴史が造りだしたものである。二〇世紀は、そのドラマ、悲劇、ヨーロッパ建設とともに、ヨーロッパにおけるアイデンティティーの序列と均衡を相当に変化させてきた(1)。

この問題を扱うために、いくつかの集合感情の間で区別をつけ、次いでこれらの感情の変化を検討し、最後にさまざまなナショナル・アイデンティティーとヨーロッパ・アイデンティティーとの関係を見ることにしよう。

## アイデンティティー、意識、感情

五つないし六つの異なる概念を区別することが望ましい[2]。

まずヨーロッパにおいて文化的、経済的、政治的な共通の特質を認識することができる。特殊な共通の文化ないし文明というこれらの客観的要素については、ヨーロッパが「同一であること」、あるいはヨーロッパの同一性 *identicité européenne* について語ることが出来る。しかしこの同一性は、まだ「ヨーロッパ・アイデンティティー」ではない。というのは、ジュリアン・バンダが一九三三年に「ヨーロッパ国民への演説」の中で書いたように、ヨーロッパ人の間の共通の特質は、必ずしもヨーロッパ・アイデンティティーを生み出すものではないからである[3]。

二番目のヨーロッパ・アイデンティティーという概念は、単に「同一である」という事実（ラテン語の *idem* から《identique》と《identité》という二つのフランス語が生じる）だけではなく、それを知ることを意味する。ヨーロッパ・アイデンティティーとは、同一の特質を共有することではなく、それを意識することである。それは「同一であること」を知り、認識することであるから、帰属感とヨーロッパ人であるという意識を意味している。長い間、ノルマンディーやポーランドの農民は、同じやり方で土地を耕し、同じ神を信じ、同じ鐘の音を聞き、同じ言葉でミサに耳を傾けていたが、しかし彼らを結びつけるこの同一の特質を全く知らなかった。アイデンティティーが存在するためには、同一性を認識する過程が必要であった。この認識過程は、外部からの脅威や外部の「敵」を犠牲にする欲望によって促進されえた。すなわちイスラムの拡大、イスラム教徒に対する十字軍、さらに大陸南部からのトルコの侵入である。ヨーロッパにおいて中世とルネサンスの間に始まったこの過程は、基本的に文化に基づいていた。この過程は長く続き、断続的に何世紀にも及んだ。それは一連の適応と再適応（長い間忘れられていた古代ギリシャ・ローマがヨーロッパ文化の中でふたたび利用された）、外部からの摂取（ギリシャ・ローマの遺産の貢献を西欧に再認識させたイスラムからの摂取を含めて）を伴っている。神秘化と道具化の部分があるので、この過程は決して自然発生的でもなければ自動的でもなかった。このようなアイデンティティーは、何世紀にもわたって発展し、豊かなものになることをやめなかった。一五世紀と一六世紀のヒューマニズム、一八世紀の「啓蒙主義」の哲学、フランス革命の政治的経験、イギリス産業革命に伴う経済成長および近代テクノロジーの習得とともに、ますます多くの要素がこのアイデンティティーの形成に加わり蓄積されていった。これらの特質の多くは、ヨーロッパ人によって、他の大陸に輸出された。しかしヨーロッパ人は、彼らの特質を保持し続ける。「地理上の大発見」、世界に広がる大規模な探検、移民、一六世紀から一八世紀の間の第一次植民地拡張、次いで一九世紀の第二次植民地拡張とともに、ヨーロッパのアイデンティティーは、巨大な「優越感」を形成しながら強化されてゆき、それは二〇世紀初頭から第一次大戦までの「ベル・エポック」の時期に頂点に達した。多くの点で、ヨーロッパの文化的アイデンティティーは、ナショナル・アイデンティティーに先行していた。もっともこの仮説は、長い間論争されてきたことである。知識人で戦闘的なヨーロッパ主義者であったD・ド・ルージュモン Denis de Rougemont は、一九六〇年代に「ヨーロッパ」は諸国民に先行していたという考えを主張した。歴史家J・B・デュロゼル Jean-Baptiste Duroselle は、当時、この考えに異論を唱えたが、結局、二〇年後の一九八〇年代には、それを認めた[4]。しかしひとたび諸国民の出現が確認され、諸国民が形成され、とくにフランス革命に鼓舞されて諸国民が国内における人民主権と外国に対する独立を確認しようとするとき、ナショナル・アイデンティティーはヨーロッパ社会の中に根づき（一九世紀における初等教育の普及が役割を演じた）、民衆を捉えるようになった。このようにしてナショナル・アイデンティティーが、政治的次元を獲得しつつあるのに対して、ヨーロッパ・アイデンティティーの方は、その古さにもかかわらず、依然としてエリート固有のもので、文化的なものにとどまっていた。ナショナル・アイデンティティーの方は、一つの文化への帰属感にとどまらず、運命共同体、すなわち政治的に一緒に生きようとする共同体への帰属感でもあった。

第三の概念として、ヨーロッパ思想 *idée européenne* が存在する。これはヨーロッパ統一の政治的プロジェクトである[5]。これは古くからある。ボヘミアの国王ポデェブラッドは、一五世紀にトルコに対するキリスト教徒の団結を勧めながら、この思想を展開した。それは一六世紀のユマニスト、次いで一八世紀のサン・ピエール神父、ジャン・ジャック・ルソー、エマニュエル・カントにも見られる。さらにマッチーニやヴィクトル・ユゴーなどのロマン主義者は国民形成の運動とヨーロッパ統一を同時に擁護した。なぜならば、彼らはこの二つのアイデンティティーが矛盾せず、それらは第一段階で国民の政治的プロジェクト、次いでヨーロッパの政治的プロジェクトという二つの政治的プロジェクトの中で実現されねばならないと見なしていたからである。しかしヨーロッパ思想は、依然として若干の哲学者、詩人、預言者だけに見られたにすぎない。それ故に、ヨーロッパの政治思想は、それがヨーロッパの文化的アイデンティティーと結びついていたとしても、自動的にヨーロッパ統一に行き着くことはなかった。この点について、ジュリアン・バンダは非常に明晰であった。先に指摘したように、彼は同一であることが必ずしもアイデンティティーを導くものではないこと、統一の思想は統一を現実に生み出すに十分ではないことを知っていた。彼は、このヨーロッパ思想が勝利するために、ヨーロッパ教育を広めるための教育者の側の大きな努力を称えた。彼から見ると、一九世紀において、ドイツ統一の思想を進めていたのは関税同盟ではなく、フィヒテの「ドイツ国民に告ぐ」であった。そこから一九三三年の彼自身の著作のタイトル（「ヨーロッパ国民に告ぐ」）と知識人動員への訴えが生まれたのである。

実際、いくつかの進化ないし断絶を理解するためには、第四の概念、すなわちヨーロッパ意識 *conscience européenne* に言及しなければならない。われわれは、この表現によって、ヨーロッパ建設の死活の必要性に関する社会的に共有された感情を指すことを提案する。「(統一) ヨーロッパ」を作ることの必要性ないし緊急性に関するこの意識は、ヨーロッパ・アイデンティティーとは違って、どちらかといえば道徳的政治的次元に属している。ヨーロッパを作る必要性を感じないでも、人はヨーロッパ人であること、ヨーロッパ人であると感ずることは可能である。ヨーロッパ意識はより新しく、幾多の大きな悲劇を経て作り上げられたものであり、二〇世紀の重要な現象の一つである。この意識は、より古い「ヨーロッパ思想」、すなわち少数の預言者によって定式化された単なるヨーロッパ統一のプロジェクトに還元されるものではない。この集合「意識」は、「思想」がより深く社会の中に定着することを想定しているが、この定着は第一次大戦を契機とする大きな衝撃から生じたものであった。一九二九年、したがって大半のヨーロッパの人々が二度と見たくない(二度とごめんだ!) と思っていた大規模殺戮の終了から一〇年後、ガストン・リューは「統一かしからずんば死か」と書いていた。われわれは、のちにこの意識の出現を促した別のトラウマの帰結に戻ることにする。ここではこの意識の発展が、これらの悲劇を経て生み出されたアイデンティティーと結びつく変化によって一層容易になったことを指摘しておこう。それは先に指摘した優越感が終わり、統一に有利な屈辱感が生まれたということである。ヨーロッパ意識は、ヨーロッパ建設の開始とともに消滅するわけではない。建設の開始以来、それは運動を持続させる必要を示すことになる。

第五の概念として、ヨーロッパ感情 *sentiment européen*、すなわちもう一つの集合感情の概念である「国民感情」sentiment national に似た現象は存在するだろうか。この感情は、必要性という単なる合理的な意識を超えて、ヨーロッパ思想の中に託された情緒的現象、すなわち非合理的な力を含めて、ヨーロッパという「大義」に身を捧げる反射的行動や衝動を指している。したがって「ヨーロッパ感情」は「ヨーロッパ郷土愛《パトリオチスム》」とも言うべきであり、同意が理性によるものであるだけでなく、愛着によるものであることを想定している。それはヨーロッパ統一もしくは統一の希望から生じる権利だけでなく、ヨーロッパ建設に伴う義務をも受け入れることを意味している。すなわち財政的犠牲（課税）、生命の犠牲（祖国のために死す）、多数決の法の承認といったことである。実際には、ヨーロッパ感情はヨーロッパのために活動する人にしか見られないというおそれがある。人数には変化があるが、一九二〇年代以来、早くからこの感情が「ヨーロッパ主義者」を鼓舞してきたとはいえ、はるかに激しく深く根を張った国民感情の競争に対峙する限り、それは二〇世紀の社会の中にはほとんど浸透していない。郷土、郷土愛はむしろ国民の周りを回転しており、ヨーロッパ郷土愛は、元来の郷土愛と矛盾はしないとはいえ、少数の人の関心しか呼んでいない。

最後に、第六の概念が問題ではないが、第二のヨーロッパ・アイデンティティーの概念に戻り、次の問題が提起される。新しいヨーロッパ・アイデンティティー、ヨーロッパの政治的アイデンティティー、すなわち共通の文化だけでなく、ヨーロッパ共同体あるいはヨーロッパ連合のような一つの政治的実体に属しているという帰属感は、果たして存在するだろうか。確かに、一九五〇年以来のヨーロッパ建設は、もはや文化的領域だけでなく、まずＥＥＣ（欧州経済共同体）からＥＵへと生まれつつある共同体にも帰属しているという感情をおずおずとではあるが作り出しながら、伝統的なヨーロッパ・アイデンティティーを変化させて来た。あたかもヨーロッパ意識と現実のヨーロッパ建設によって古い文化的アイデンティティーが変化し、政治的アイデンティティーになったかのように、万事進行したかに見える。しかし事態はこれほど単純ではない。さらにこの政治的アイデンティティーは非常に断片的であり、国民的政治的アイデンティティーに比べれば、ほとんど影響力がなく、それは現実というよりも「ヨーロッパの願望」に属することを付け加えておこう。この願いは、一九七三年のコペンハーゲン首脳会議の最終コミュニケが、きわめて今日的な意味で「ヨーロッパ・アイデンティティー」という表現を使ったときに、初めて示された。(6) とくに一九九八年の英仏サンマロ声明を契機とする一九九〇年代の重要な合意によって作り上げられ、ＥＵによって引き継がれた「ヨーロッパ防衛アイデンティティー」という表現の中にもこの概念は見出される。このような政治的アイデンティティーは、おそらく現実のアイデンティティーよりも「アイデンティティーの意思」を示している。この可能性あるいは潜在性が、どのような力学を切り開くことになるのか、あるいはならないのか、この問題に答えることはなお困難であり、しかもそこで歴史家はひとつの方法上の問題、すなわち同時代史の方法という問題に直面する。さらに、歴史家は「目的論的」(これはあらかじめ決められ、自動的に行き着く目標を意味するギリシャ語の「telos」が語源である)誘惑、すなわちまっすぐにヨーロッパ統一に行き着くようなヨーロッパ史の宿命を信じることと闘わねばならない。(7) 実際には、直線的にあるいは一直線に、文化的同一性が文化的アイデンティティーを導き、次に文化的アイデンティティーないしヨーロッパ思想がヨーロッパ意識を導き、さらに意識が感情を、そしてついに感情が政治的アイデンティティーとヨーロッパ統一を導くということはありえない。この過程は非連続的であり、いつかその力学が停止しないという保証はない。しかも集合アイデンティティーは発展しても、より古くからあるアイデンティティーを破壊することはない。二〇世紀末、二一世紀初頭のヨーロッパ人は、自覚的に複数のアイデンティティーを体験することが出来る。ヨーロッパ人の三分の一はナショナル・アイデンティティーだけを感じ、また一五%の人はヨーロッパ人とのみ思っているとしても、半数以上の人はナショナル・アイデンティティーとヨーロッパ・アイデンティティーという二つのアイデンティティーを持っていると見ている。(8)

## アイデンティティーと意識の間の不連続性

Ｐ・リクール Paul Ricœur が同時代史の二つのタイプを区別したことは正しい。一方には、たとえ記憶の影響によってまだ終わっていないことになるとしても（Ｅ・コナンとＨ・ルソーは「終わらない過去」について語っている）(9)、「終点」（第二次大戦、植民地帝国、共産主義世界のように）を含んだ近過去の歴史があり、もう一方には、終わりという言葉が当てはまらない、閉じていない同時代史が存在する。(10)ヨーロッパの歴史は、この第二のカテゴリーに属する。したがってそれを書こうとすることにはリスクが伴う。しかし少なくとも、このようなヨーロッパ史を同時代史と見なすことは、一つの利点をもたらす。アイデンティティー、思想、意識などの概念を通じて、われわれはすでにこれまで、ヨーロッパ建設のプロセスの非連続性を想起してきた。同時代のヨーロッパの歴史は、このようなでこぼこと断絶をとくに良く示している。ふたたびリクールの表現を使うならば、それはヨーロッパの過去を「宿命から解放する」ことに寄与する。

二〇世紀の大部分にわたる期間ではあるが、まだ閉じていない同時代のこのような問題を特徴づけるためには、先に定義した概念の一つ、すなわちヨーロッパ意識の概念に注意を向けることが望ましい。この概念の誕生は、おそらく一つのヨーロッパの歴史をもう一つのヨーロッパの歴史から区別する最大の断絶を形成している。本質的に、数十年の間この意識化の過程を培ったのは、「さまざまなヨーロッパ人のシンドローム」(11)に変化した否定的な刺激であった。歴史家は、他の社会科学の研究者以上に、この意識化過程の諸段階を認識するうえで有利な立場にある。一九二〇年代に、戦争の再来に対する不安ないしヴェルダン・シンドロームとともにすべてが始まる。一九一六年のこのむごたらしい戦闘の記憶は、平和主義、初期のヨーロッパ意識、最初のヨーロッパ運動の発展とヨーロッパ連合構想をめぐる議論の土壌、一九二九〜三〇年のブリアン・プランを生み出した。次いで、第二次世界大戦によって、意識化の第二段階が開かれる。フランス人の場合、「一九四〇年シンドローム」（ドイツに対する敗戦の衝撃的記憶）によって、あるいはヨーロッパ人一般の場合、戦後の植民地放棄によって確認された「衰退の強迫観念」から、多くのヨーロッパ諸国が、年表は不揃いで入りくんでいるが、統一の必要性を確信していった。その場合、ヨーロッパの外側の二超大国が支配する新しい国際システムの中で最低限の影響力を保持することが目標であった。ソヴィエトの脅威（あるいはプラハ事件のシンドローム）[12]は、共産主義超大国に対する地域の安全保障を確保するために、大陸の西側に同盟の欲求を制限することによって、この必要性の感情を強めた。ナチズムとの戦い、次いで冷戦下ではソ連との戦いとともに、ヨーロッパ意識は、それが自由な「民主主義」を統一の基礎および条件として主張するにつれて変化していった。この主張は、フランスの同盟国である東欧の小国のような権威主義的体制を含んだ政治的ヨーロッパに甘んじていた両大戦間期よりも明白となった。要するに、ヨーロッパ意識は、本質的に敵（ヒトラー、スターリン）や災禍（戦争、衰退、野蛮）に対抗して作り上げられ、変化していくのである。ヨーロッパの建設が始まり発展するとき、これらの刺激は依然として対外的で消極的であるが、その劇的な様相を失ってゆく。ドゥニ・ドゥ・ルージュモンは一九七〇年代に、「ヨーロッパがもはや死活の問題ではなくなって」以来、建設が足踏みするのを見て不安を抱いた。しかし実際には、「ヨーロッパ建設」の試みが挫折するとき、周期的な再活性化が見られる。真の「ヨーロッパのサイクル」の観察は、ナショナル・アイデンティティーとヨーロッパ・アイデンティティーの間の対立的でありながら補完的な複雑な関係を示している。拡張と成功の各局面は、数多くの失望――一九五四年における防衛共同体EDCの拒否、一九六三～六九年のドゴールに起因する危機あるいは一九七九～八三年のサッチャーがもたらした衰退――といった挫折の原因となる国民的不安を引き起こして終わる。逆に、後退ないし挫折の各局面は、ヨーロッパ意識を再び覚醒させ、その結果、さまざまな「再発進」（一九五五年のメッシナ、一九六九年のハーグ、一九八四年のフォンテンブローの場合のように）が可能となった。ボスニア紛争によるヨーロッパにおける戦争の再発、その解決に対するヨーロッパの無力は、ヨーロッパ意識を再び鼓舞させた。NATO空爆とクロアチア人とイスラム教徒に対する援助ののち、アメリカがデイトン協定を成功させたことは、心理的にかなり衝撃であった。このデイトン・シンドロームは、一九九九年のコソボ戦争の教訓と同様に、CEDの挫折以来不可能に見えたテーマである「安全保障と防衛に関するヨーロッパ・アイデンティティー」の概念の前進とともに、六万人のヨーロッパ緊急派遣部隊の構想に寄与した。

二〇世紀のシンドロームと挫折の産物としてのヨーロッパ意識に関するこの短い歴史は、われわれに目的論的な見方に対する警戒を教えている。先に見たように、同一性とアイデンティティーとの間に自動的な移行が存在しないのと同様に、アイデンティティーと意識の間に直線的関係や漸次的推移は存在しない。一九世紀末と二〇世紀初頭には、古くからあるヨーロッパ・アイデンティティーは本質的に文化的であり、基本的に政治的であったナショナル・アイデンティティーとなんら対立するものではなかった。それはナショナル・アイデンティティーの激化した形態であるナショナリズムとも、さらにはヨーロッパの分裂とも対立しなかったのである。ヨーロッパ文化への帰属感は、大きな優越感を生み出し、それは植民地を巡る政治的対立の背後で、植民地住民を「文明化する」ためのヨーロッパの連帯を作り出していた。この点から見れば、ヨーロッパの文化的アイデンティティーはヨーロッパの政治的分裂に満足していたと言える。一九一八年以来、二〇世紀のさまざまな破局的な出来事につれて、ヨーロッパ衰退の意識がヨーロッパ・アイデンティティーを徐々に根本的に変え、ヨーロッパを特徴づけていた優越感を弱めるに至る。ヨーロッパ人がもはや世界を政治的に支配しなくなり、彼らが自分を世界と同一視しなくなって以来、彼らは統一する必要性を確信する。さらに、道徳的に見て、二〇世紀の大きな悲劇は、彼らもまた「野蛮」でありうることを理解させた。第一次大戦の殺戮ののち、ポール・ヴァレリーは次のように書いた。「別の文明であるわれわれは、今、自分たちが致命的であることを知っている」。ヴェルダンからアウシュビッツへ、アウシュビッツからグラーグへと、野蛮の再来に対する苦悶は、このアイデンティティーの変化を促し、ついには民主主義的価値の周りに連合する意思を生み出すに至った。換言すれば、古くからある文化的アイデンティティーが自然に新しい政治的意識に行き着いたというよりも、逆の動きが確認される。つまり意識がアイデンティティーを変えたのである。長い時間の連続性は、二〇世紀のさまざまな断絶ほどには統一を促進しなかった。シャルルマーニュ、カント、ユゴーは、ヒトラーとスターリンほど重要ではなかった。

したがってあらゆるレベルで不連続性が存在する。ヨーロッパ意識からヨーロッパ感情ないしヨーロッパ郷土愛へと発展する宿命的で後戻りしないプロセスというものは存在しない。逆に、最近の研究は、ヨーロッパ感情の後退、さらには一部の社会層におけるヨーロッパ意識の後退について、さまざまな事例を示した。今日のフランス知識人の多くは、ヨーロッパ思想の進展のためにあれほど行動した、一九二〇年代の彼らの先駆者ほどには、ヨーロッパを参照空間としていない。(13) ナショナルな空間が、世界という別の空間と並んで、依然として基本的な参照基準である。ヨーロッパは、少なくとも五〇年代と七〇年代の間、この二つの空間の間で理解しがたい中間的空間であった。

## ヨーロッパ・アイデンティティーとナショナル・アイデンティティー

実際、ヨーロッパの同時代史は、ナショナル・アイデンティティーとヨーロッパ意識の間の複雑な関係を展望に入れなければ書くことができない。これら二つの間にはしばしば対立が見られるが、必ずしも排他的ではない。それはこれらの集合感情が、相互補完的な両義性と緊張の体系の中に刻み込まれているからである。多くの点で、ヨーロッパ意識は、よく理解された国民的利益の意識である。ミルワードは、いかなる意味で、ヨーロッパの建設が二〇世紀後半のヨーロッパにおいて、国民的戦略の産物であり、国民国家を救う最良の手段であったかを示した[14]。とはいえ逆に、ヨーロッパの建設は、ナショナル・アイデンティティーを変化させ、それと他の集団的アイデンティティーとの関係を変え、地域・国民・ヨーロッパという三層からなる二重ないし三重のアイデンティティーの進展を保障した[15]。

要するに、ナショナル・アイデンティティーがなお多様性を孕んでいるとしても、それはヨーロッパ意識が存在する余地を残している。同様に、ナショナルな感情がヨーロッパ感情よりはるかに活発であるとしても、ヨーロッパ・アイデンティティーの不在を結論するべきではない。感情とアイデンティティーを混同してはならない。ヨーロッパ感情が弱いから、ヨーロッパ・アイデンティティーが存在しないのではない。いずれにせよ、ヨーロッパの人々は皆、さまざまな理由とさまざまな意味で、自分をヨーロッパ人と感じている。第一に、強力で古くからある文化的ヨーロッパは、今やエリートに限定されていない(これは教育や大衆的ツーリズムのおかげである)。さらにまだ断片的ではあるが、政治的アイデンティティーが存在し、これは単一通貨ユーロによって今後発展する可能性がある。同様に、感情と意識を混同してはならない。ヨーロッパ意識が存在しないのは、大衆がヨーロッパ思想になかなか熱狂できないからではない。ヨーロッパ意識は「弱いコンセンサス」として存在する。これはP・ルヌーヴァンの表現を使えばやはり「深層の力」、すなわち政治的な決定に影響を及ぼす社会的な力である。控えめではあるが社会的に深く根を張り、広く浸透した一つの力が[16]、範囲が限られた派手な情熱よりも影響力を持つことはありうる。

結論的に、歴史教育が同一性認識と意識化の過程で一つの役割を果たすと指摘することが重要である。同様に、歴史教育は一九世紀の諸国民の建設において活発な役割を演じた。しかし一〇〇年前、国民意識や国民感情を社会的に根づかせるために行われたように、歴史教育を道具に使ってはならない。たとえば、フランスでは、ジャコバン・タイプの歴史教育は、地域のアイデンティティーを否定し、否認するに至った。ヨーロッパ史の教育は、とくに諸国民の歴史を無視してはならない。科学的にも、学校教育の面からも、さらに市民生活から見ても、諸国民の歴史は必要である。各々のヨーロッパ人に他のヨーロッパ諸国民の歴史を教えることが重要である。ヨーロッパの「親密化」のプロセス、すなわち一つの「ヨーロッパ家族」の建設を目指して国境を越えてヨーロッパを獲得するプロセスを促進するためには、ヨーロッパ諸国民は互いに知り合い、彼らの文化、彼らの過去をもっと良く知ることが必要である。すでにヨーロッパの建設に伴い、ナショナル・アイデンティティーは変化した。フランス人は、二〇〇〇年に、一九五〇年（それ以前の時代についてはさておき）と同じようなフランス人であるのではない。このことは、ドイツ人、イタリア人、イギリス人等々にも妥当する。たとえヨーロッパ・アイデンティティーが「複数」であることを理解するためにすぎないとしても、さまざまなナショナル・アイデンティティーの文化的、政治的、社会的変化の歴史を学ぶことは決定的に重要である。ヨーロッパ諸国民が、それぞれ個別の国民にとどまりながら、連帯の共同体を建設するという数十年来進められてきたこの力学を続けるかどうかを知ることが大きな問題である。ヨーロッパ諸国民は、単数一人称のナショナルな「私」に複数一人称のヨーロッパの「われわれ」を付け加えることになるのだろうか。

グローバリゼーションは、おそらくこのようなヨーロッパ・アイデンティティーの力学を促進するに違いない。ヨーロッパ建設は、グローバリゼーションに反対して行われるのではない。またそれはグローバリゼーションの単なる一面でもない。それはグローバリゼーションが語られるはるか前に始まったからである。ヨーロッパ建設は、グローバリゼーションと並行することが可能であり、またそれにより人間的な顔を与えることが可能であると言えよう。フランスの政治学者ザッキ・ライディは、二つの対抗的な力が働いている世界の現状のパラドックスについて次のように指摘している。一方に広い範囲に及ぶグローバリゼーションの動き、他方に非常に狭い空間における民族主義化ethnicisation（〝バルカン化〟の現象がその例である）の動きが見られる。[17] 経済がグローバル化すればするほど、文化的な画一化に対する拒絶と人間社会にとっての「意味」の喪失が強まる。その結果、危険なアイデンティティーの歪み、強力な民族的あるいは文化的な反動が生じる。それらは分離主義、ナショナリズム、攻撃的な地域主義、宗教についての硬直的で誤った解釈（イスラム主義のように）に依拠している。経済的進歩には適するが社会が「意味」を見出すには広すぎる世界と、民族、地域主義、ナショナリズム、宗教的完全主義の狭い領土という二つの空間の間で、媒介的な空間、新たな「意味の空間」を建設することが必要である、とザッキ・ライディは言う。この空間は成長と経済近代化を保証するには十分の広さであるが、男女が政治的文化的な面で「意味」を見出すのに大きすぎることはない。ヨーロッパは、このような「意味の空間」の一つでありうる。この空間は、経済的社会的充足にとって国民的空間よりも適切であるが、にもかかわらず地域、国民、ヨーロッパという複数の集合アイデンティティーの間に均衡を創出することによって、国民を解体しない。この均衡は、ヨーロッパという空間に人間的・人間中心主義的な意味を与え、侵略や排除という逸脱を回避させよう。世界の中に別の「意味の空間」が創出されえようし、アセアンやメルコスールのように、発展を開始しているいくつかの大きな地域空間は、世界により良い均衡をもたらすことが可能であろう。ヨーロッパの例は、次のことを示した。「意味の空間」を建設することは、古いアイデンティティーに基づきながらも、変化を伴い世界に開放的でありうる新しい集合アイデンティティーを形成することである。(18)

注

（1）一九八九〜一九九四年にルネ・ジローによって、次いで一九九五〜一九九九年にロベール・フランクとジェラール・ボシュアによって組織されたヨーロッパの歴史家のネットワークは、「二〇世紀におけるヨーロッパ・アイデンティティー」と題する大規模な計画について研究した。この計画によって、多くの中間的な研究集会や出版が行われた。第一段階は、一九九三年の総合のための研究集会に帰結し、その成果は、以下の書物の中に公刊された。René Girault（dir.）, *Identité et conscience européennes au XXe siècle*, Paris, Hachette, 1994. 第二段階も、一九九九年の最終研究集会によって終了し、その報告集は近く出版されよう。

（2） これらの概念の間の相違については、以下を参照。Robet Frank, 《Images, imaginaire et Europe: présentation》, in René Girault (dir.), *Identité et conscience, op. cit.*; Robert Frank, 《European Identity, European Consciousness and European Integration》, in H. S. Chopra et Robert Frank (dir.), *National Identity and Regional Cooperation, European Integration and South Asian Perceptions, New-Delhi,* 1998; Robert Frank, 《Les contretemps de l'aventure européenne》, *XXe siècle, Revue d'Histoire*, n° 60, octobre-décembre 1998.

（3） Julien Benda, *Discours à la nation européenne,* Paris, 1933.

（4） 《A propos de l'histoire de l'Europe, une passion toujours renouvelée. Entretien avec Jean-Baptiste Duroselle》, *Historiens et géographes*, n° 330, janvier-février 1991, cité par Frank Chimot, 《Jean-Baptiste Duroselle ou combats pour l'Europe》, *Bulletin de l'Institut Pierre Renouvin*, n° 5, été 1998.

（5） Elisabeth du Réau, *L'idée d'Europe au XXe siècle: des mythes aux réalités*. Bruxelles, éd. Complexe, 1996, p. 371

（6） Elisabeth du Réau et Robert Frank (dir.), *Dynamiques européennes: nouvel espace et nouveaux acteurs (1968–1981)*, Paris, Publications de la Sorbonne, 2002.

（7） ヨーロッパ（統合）史は、いくつかの方法的なリスクを伴う。それはアナクロニズム、聖徒伝（これは、批判性を欠如した〝神聖な〟ヨーロッパ史を作ることである）、目的論的な幻想である。これを理由に、ヨーロッパの歴史は叙述しえないという結論を引き出すべきだろうか。この問題をめぐる論争については、以下を参照。Nicolas Roussellier, 《Pour une écriture européenne de l'histoire de l'Europe》, *XXe siècle, Revue d'Histoire*, n° 38, avril-juin 1993; Jean-Pierre Rioux, 《Pour une histoire de l'Europe sans adjectif》, *XXe siècle, Revue d'Histoire*, n° 50, avril-juin 1996; Jean-Clément Martin, 《Quelle histoire pour l'Europe?》, *XXe siècle, Revue d'Histoire*, n° 53, janvier-mars 1997; Robert Frank, 《L'histoire de l'Europe: l'histoire d'un problème et une histoire du temps présent》, *XXe siècle, Revue d'Histoire*, n° 71, juillet-septembre 2001.

（8） Bruno Cautrès et Dominique Reynié（dir.）, *L'opinion européenne*, Paris, Presse de Scinces Politiques, 2000 参照。

（9） Eric Conan et Henry Rousso, *Vichy, un passé qui ne passe pas*, Paris, 2e édition, Gallimard Folio, 1996.

（10） Paul Ricœur, 《Remarques d'un philosophe》, in *Ecrire l'histoire du temps présent*, livre en hommage à François Bédarida, préface de Robert Frank, Paris, CNRS éditions, IHTP, 1993, pp. 38-39.

（11） アンリ・ルソーは、フランス史の特定の時期について、「シンドローム」、すなわちある事件とその政治的文化的帰結に関する外傷性の記憶という歴史的な問題提起を展開した。*Le syndrome de Vichy, de 1944 à nos jours*. Paris, Le Seuil, 2e édition, 1990.

（12） 「プラハ事件」とは、一九四八年二月のチェコスロヴァキア共産党による政権奪取を指す。

（13） Andrée Bachoud, Josefina Cuesta, Michel Trebitsch, *Les intellectuels et l'Europe de 1945 à nos jours*, Paris, Publications universitaires, Denis Diderot, 2000; Robert Frank, 《Les contretemps de l'aventure》, *op. cit.*; André Rezler, *L'intellectuel contre l'Europe*, PUF, 1976 参照。

（14）Alan Milward, *The European Rescue of the Nation State*, London, Routledge, 2e édition, 2000.
（15）Haltmut Kaelble, "La double identité; Identités nationales et identité européenne", in *Les identities européennes au XXe siècle; diversité, convergence et solidarités*, actes à paraître.
（16）Pierre Renouvin et Jean-Baptiste Duroselle, *Introduction à l'histoire des relations internationales*. Paris, Armand Colin, Première édition, 1964, 4e édition, collection Agora Pocket, 1991.
（17）Zaki Laidi（dir.）, *Géopolitique du sens*, Paris, Desclée de Brouwer, 1998.
（18）Edgar Morin, *Penser l'Europe*, Paris, Gallimard, 1e édition, 1987（林勝一訳『ヨーロッパを考える』法政大学出版会、一九八八年）, 2e édition, 1990. 一九八九年の事件後に書かれた「第二のエピローグ、ヨーロッパ再考」参照。

〔訳者注〕このテーマに関して関西大学で行われた講演の仏文テキストは、講演速記録の日本語訳とともに、『ノモス』第一四号（関西大学法学研究所発行、二〇〇三年一二月刊）に掲載される。

# 第2章　フランスとヨーロッパ建設——連続と変化

「セビリアで起きていることは、ヨーロッパ合衆国の必要を示している。分裂した政府を連合した民衆が引き継いで欲しい。それによって殺戮の帝国に終わりを告げよう。狂信的行為と専制を黙らせよう。…中略…もはや戦争、虐殺、殺戮はなくなり、自由な思想、自由貿易、友愛がやって来る。セルビアの残虐行為が明白に示していることは、ヨーロッパにとって、一つのヨーロッパ国籍、一つの政府、一つの巨大な友愛に基づく調停、ヨーロッパと親和的な民主主義、言い換えればヨーロッパ合衆国が必要だということである」。

これらの文章は、ベルナール・アンリ・レヴィによって書かれたものではなく、したがって一九九〇年代のボスニアの悲劇に遡るのではなく、今から一二〇年以上も前の一八七六年のトルコ＝セルビア戦争に遡る。作者はヴィクトル・ユゴーであり、彼は一八四九年の立法議会における有名な演説以来、すでに幾度となくヨーロッパ思想のチャンピオンとして登場していた。これはフランス人とフランスが昔からヨーロッパ思想、ヨーロッパ統一の思想に関心を持っていることを意味する。二〇世紀になると、ヨーロッパ運動、ヨーロッパ建設の過程においてフランスの位置が広い範囲で確認された。にもかかわらず、フランスの大きな矛盾が存在する。フランスはイニシャティブを発揮し、しばしばいくつかのヨーロッパ建設を成功させた生みの親であるとしても、またいくつかのヨーロッパ構想を挫折させることも出来たからである。

フランスの立場は周期的であり、それ故にフランスはヨーロッパ建設の周期的な歴史に部分的に責任を持っている。この点に見られる長期的な連続性は、明らかに叙述に値する興味あることである。それがここで論ずる第一の点である。次に、この周期的な態度の原因を説明しなければならない。すなわちフランスのヨーロッパ統合政策は、「国民的利益」と「国民主権」の間の対立を管理することが困難ではないか、という問題である。最後に、七〇年代・八〇年代以後に生じた基本的な変化を明確にすることが望ましい。ヨーロッパとの関係において、ナショナル・アイデンティティーをめぐる苛立ち、あるいはヨーロッパ・アイデンティティーに至る道のいずれに関しても、この時期に、フランスはパワーの論理からアイデンティティーに対する関心に移行したからである。

## フランスのヨーロッパ躁鬱病(1)

フランスは、統合ヨーロッパの建設において華々しい主導的役割を演じることが出来たが、逆に、時には同様に華々しく、派手な統合を挫折させる責任を負うことも出来た。初期の二つの周期の場合、ヨーロッパ統一を支持するイニシャティブはフランスがとったが、その行動が挫折したとしても、挫折の責任は本当のところフランスにはない。しかし、第三の周期から、自ら提案したことの挫折に決定的に関与している(2)。

最初、一九二九年に国際連盟において、ヨーロッパの諸国民が「一種の連邦の絆」を結ぶように提案し、翌年、「ヨーロッパ連合プラン」を提示したのはアリスティッド・ブリアンであった(3)。このイニシャティブは、ヨーロッパの統一を支持する強力な運動のおかげで可能となった。この運動において、ポール・ヴァレリー、ジュール・ロマン、ジュリアン・バンダ、ドゥリュー・ドゥ・ラ・ロッシェル、ガストン・リュー、フランシス・ドゥレジなど、フランスの知識人はきわめて活発であった(4)。失敗は、フランスのせいではなかった。この構想は、激しい世界恐慌の嵐によって吹き飛んでしまったからである。

第二次世界大戦直後、一九四八年にハーグでヨーロッパ統一を求める活動家の大会が組織された。この大会では、より大胆な「連邦主義者」fédéralistesとより慎重な「連合主義者」unionistes の間で、創立期の大論争が繰り広げられたが、この大会後、(外相)ジョルジュ・ビドーの発言によって、他の諸国にヨーロッパの政治的組織を設立するように誘ったのはフランス政府ではなかったか。この結果、激しい議論を経て、一九四九年、ビドーを引き継いだロベール・シューマンが望んだような「ヨーロッパ連合」ではなく、イギリスによって押し付けられた、より慎重な用語と構想に従った「ヨーロッパ審議会」が創設された。この機関はその後存続しつづけるが、結局、大きな力と効力を発揮しない。(5)

したがって、この第二の周期の最後において、失望はフランスではなく、イギリスから生じたのである。イギリスの躊躇から教訓を引き出し、ロベール・シューマンに対して、方法を転換すること、同盟国とよりもむしろ以前の敵国と一緒にヨーロッパを建設すること、それを広範な分野ではなく石炭・鉄鋼という限られた部門において形成すること、この焦点距離の短縮を補うために超国家性という革命的な制度の新機軸を伴うことを提案したのは、明らかにジャン・モネではなかったか。フランスの成功は劇的である。一九五〇年五月九日のシューマン・プランは、翌年、六カ国によって調印されたECSC(ヨーロッパ石炭鉄鋼共同体)条約に帰結し、さらにその延長線上で、これまたジャン・モネの着想によって、「ヨーロッパ軍隊」を提案するプレヴァン・プランが、一九五二年、ヨーロッパ防衛共同体（EDC）条約を導いた。

フランスの躁鬱病の最初の症状が本格的に始まるのは、第三周期の間である。EDCを提案したのはフランスであり、そのフランスが数年後にそれを拒否し、挫折させる。このヨーロッパ防衛構想は、フランスの社会と政界の中に多くの反対を引き起こしたので、国民議会は、一九五四年八月三〇日、その条約を批准しないことを決定する。その後のヨーロッパ建設の周期は、なおフランスの気分のテンポに従っている。EDC挫折直後、フランスは、一九五五年のメッシナ会議で開始された「ヨーロッパの再発進」において主役を演じる有利な立場にはないとしても、EEC（ヨーロッパ経済共同体）とユーラトム（ヨーロッパ原子力共同体）を設立する一九五七年のローマ条約の作成過程に、（首相）ギー・モレと（欧州問題担当閣外相）モーリス・フォールによって、(6) 非常に活発に関与している。この第四周期の上昇局面は、ド・ゴール将軍の決定的な行動とともに継続する。彼は、野党であったときにはECSCとEDCを非難していたが、ひとたび権力の座につくとEECの規則の大半を受け入れることによって、それに見事な正当性を与え、その輝かしい離陸を可能にした。彼はさらにもっと先に進み、経済的ヨーロッパを乗り越えることを示唆し、フーシェ・プランという政治的ヨーロッパの構想を提案する。確かに、この提案には、彼の眼から見て超国家主義的過ぎるEECを「諸国家から成るヨーロッパ」の中に沈めるという下心がないわけではない。このようにして彼は、統合主義的な共同体のプロセスに対して、最終的に政府間協力（この場合、加盟国政府は満場一致の規則に従い主権をもって決定する）を勝利させようとしたのである。しかしフーシェ・プランは、一九六二年に挫折する。このとき以後、すべてはぐらつくようになる。アクセルの後、フランスはブレーキを踏む。すなわち一九六三年のイギリスの加盟申請に対する最初の拒否権、一九六五年の「空席危機」、そして一九六七年の二度目の拒否権である。これら一連の行為は、ヨーロッパ建設を未曾有の深刻な危機に陥れる。

ジョルジュ・ポンピドゥーは、威厳のある先任者がヨーロッパ建設を陥れていた溝から救い出す。フランスは、一九六九年一二月のハーグ会議で行われた新たな「再発進」によって、第五周期のイニシャティブをとる。この結果、イギリスの加盟の原則が承認され、三年後にEEC拡大が現実のものとなり、とりわけ重要な施策が検討され、ポンピドゥーは「経済通貨同盟」を創出する考えを受け入れさせる。(7) このフランスの考えから、（「経済通貨同盟」を掲げずに）表現を和らげ、弱めるという意地の悪い喜びを込めたウェルナー・プランが生まれる。(8) このシナリオは、ＥＤＣの場合ほど劇的でも派手でもないが、反発力はほぼ同じであった。フランスは大胆に構想を提案するが、その後、防衛（一九五四年の場合）あるいは通貨（一九七〇年の場合）に関する権限の一部を放棄することが、政治的主権の一部を当然放棄することを余儀なくされることに、あたかも最後の瞬間になって気づいたかのように、自らの無謀さの帰結を前にして不安に襲われる。したがってこの時期には、ただ一九七二年の弱体な「通貨の蛇」（スネーク）に席を空けるだけで、経済通貨同盟は日の目を見ずに終わり、しかも一九七四年にはフランの離脱によってスネークの失敗が確認されることになる。

次いで、ヴァレリー・ジスカール・デスタン大統領がヘルムート・シュミット首相の協力を得て、三つの重要な措置を講じ、それは第六周期の上昇局面となる。この措置は、政府間協力の方法と統合主義的方法の間の微妙な均衡を表している。第一に、彼はこの時から基本的な機構となるヨーロッパ理事会の設置という形でヨーロッパ首脳会議――これはすでにポンピドゥーのもとで設置されていたが――を制度化させることによって、フーシエ・プランの中に含まれていたド・ゴールの考えを回復する。第二に、彼はド・ゴールとポンピドゥーが不安からこの時まで拒絶してきたこと、すなわち国境を越えたヨーロッパ的な討論のための政治空間を作るという目的を抱いて、直接普通選挙によるヨーロッパ議会の選出を受け入れたのである。次に、一九七九年にスネークよりもはるかに有効なヨーロッパ通貨制度SMEが実施されたことは、マーストリヒト以後の単一通貨の発行を可能にするような実験、さまざまな実践、連帯を作り出す。一九八一年のフランス左翼の勝利――他方、イギリスでは二年前に保守党のマーガレット・サッチャーが政権に就いていたことを指摘しておかねばならない――と、それによるフランスの経済政策の近隣諸国との不一致は、フランスが七年前に自ら抱かせた情熱を一時的に終わらせる。

フランソワ・ミッテランは、社会党内の政治的議論を巧みに使い、第七周期を開始させる。一九八三年三月に三度目のフラン切り下げを行ったとき、彼は左翼的政策を続けるためにSMEを離脱すべきか、それともヨーロッパ共同体に残るために左翼的政策を犠牲にするかというジレンマの形で、側近に議論を展開させる。大統領は、ヨーロッパの方向で決断し、一九八四年のフォンテンブロー首脳会議の際に、新たな「再発進」に乗り出す。(9)

ミッテラン、ヘルムート・コール、欧州委員会の新委員長ジャック・ドロールの指導のもとで、一九八六年の単一議定書から一九九二年のマーストリヒト条約に至る最終的な決定が下され、この条約の中に、二〇年来検討されてきた経済通貨同盟がついに含まれるに至った。今回は、何とかぎりぎりのところで、フランスは自らが形成に大いに貢献したものを解体させなかった。条約批准に関するフランスの国民投票では、五一％の得票率で賛成が勝利したのである。とはいえ、この僅少差の勝利ののち、フランスにとって長期にわたるヨーロッパ懐疑主義の時期が始まり、フランスは今なおそこから脱しきってはいないように見える。ユーゴスラヴィアの事件——とくに一九九二〜一九九五年のボスニア内戦の間——に対する新しいEUの麻痺は、周囲の悲観論を強める。しかし九〇年代末以後、若干の兆候が周期の転換の始まりを示している。すなわちNATO内部におけるヨーロッパ防衛アイデンティティーの展望を切り開く一九九八年の英仏サンマロ発議、一九九九年の紛争前後と紛争中におけるEUのより効果的な行動、ヨーロッパ緊急行動軍隊の形成に関する決定、協定によるヨーロッパ基本権憲章の起草、さらにはEUの必要な将来の制度改革に関して検討することを使命としたヨーロッパの未来に関する最近の協定の起草である。これらの行動においてフランスが占める役割は小さくはない——とりわけフランスは、ヴァレリー・ジスカール・デスタンが最後の協定の責任者に任命されることを獲得した――としても、その役割は中心的ではない。しかも一九九五年からは、一九五〇年以来初めて仏独のカップルが「故障」し、その結果、従来の周期の最初に起きたこととは異なり、このカップルは革新の推進要素ではなくなった。シューマン・アデナウワーのカップルは、ECSCとともに両国の最初の本質的な協調を実現し、モレ・アデナウワーの協調はローマ条約調印にとって重要であった。ド・ゴールとアデナウワーは、両国の象徴的な和解を固め、一緒に共同市場の実際的な確立に努力した。ポンピドゥーとブラントは尊敬しあう中ではなかったが、一緒にハーグの再発進を達成し、彼らの協力は、イギリス・アイルランド・デンマークの加盟によって、最初の拡大を可能にした。ジスカールとシュミットは、最初の制度改革を可能にし、SMEを提案し、第二次拡大を準備した（これは一九八一年のギリシャ加盟をもたらす）。ミッテランとコールは、第三次・四次の拡大（一九八六年のスペイン・ポルトガル加盟、一九九五年のオーストリア、スウェーデン・フィンランドの加盟）を支援しつつ、マーストリヒトのヨーロッパを建設した。

なぜ、このようなフランスの意識の揺れが生じるかについて、次に説明しなければならない。

## フランスのジレンマ――主権尊重と影響力低下か影響力重視と主権低下か

このようなフランスの周期的な意向は、さまざまな要因によって説明できる。しかし逆方向に引っ張る二つの国民的なばねを他の要因から切り離すことは容易である。一つは、「影響力」を行使したいという激しい意志であり、これはフランスのヨーロッパに関するイニシャティブを促進し強める。もう一つは、「主権」ないしアイデンティティーに対する不安であり、逆に、これはたびたびイニシャティブを阻害する原因となる。

まず、フランスは「一九四〇年シンドローム」[10]あるいは「敗北シンドローム」[11]に苦しんでいる。一九四〇年の敗走によって傷つけられ、衰退の強迫観念にさいなまれ、植民地解放の事件によって弱められたこの「古い国」は、ヨーロッパの中に、第二次大戦によって奪われた役割を取り戻すのに相応しい空間を見出した。ヨーロッパ建設は、影響力の回復という基本的な争点として認識されていたが故に、フランスはさまざまな提案や構想によって攻勢的な戦略を絶えず発展させる。国民的利益に基づく、ヨーロッパに対するこのようなヴィジョンは、ジャン・モネ、ロベール・シューマン、ギー・モレの場合、非常に明瞭であり、彼らは決して理想主義だけで動いてはいない。さらにド・ゴールとポンピドゥーの場合も、このヴィジョンは、明らかに非常に強い。イギリスの方は、このような敗北シンドロームを経験していない。イギリスはそれ以上に、戦争と勝利についての英雄的な記憶、ヤルタ会談とポツダム会談への参加に酔いしれている。したがってイギリスは、まず、ヨーロッパの中に狭すぎる待機のための領域を見出す。これは少なくとも、フランスと共同で行ったスエズ派兵の政治的失敗が、イギリスのパワーはもはや往時のものではないことを示すまでは続いた。英仏間のこのズレは、フランスにとって幸運である。イギリスが六カ国のヨーロッパに参加しないことは、フランスにとって気に入らないわけがない優位を可能にするからである。確かに、ドイツ連邦共和国は経済的には一挙により強力になっているが、その政治的重要性が確立するにはなお時間が必要であり、この時間的猶予が、ヨーロッパ建設の主要なモーターである仏独のカップルの中に調和的なバランスの可能性を残した。(12) このようにして、ローマ条約に対してあれほど躊躇していたド・ゴール将軍が、いったん権力に就くと結局それを受け入れた理由が理解できよう。彼から見れば、フランスは必要とされる国内の近代化を続けない限り影響力を発揮し続けることはできず、ヨーロッパはフランスの恒久的な転換にとって可能な最良の刺激であり、したがってそれはフランスの栄光にとって好ましい跳躍台であった。重要な事実は、フーシェ・プランの挫折後、一九六二〜一九六三年頃、自分の願望に沿ったフランス的ヨーロッパの建設が不可能であることがわかるや否や、ドゴールは距離をおき、批判的立場に閉じこもったことである。

ヨーロッパを通じたフランスの影響力の一貫した追求は、ヨーロッパ建設によって国民のアイデンティティーが解体することに対する不安によって相殺される。EDCから「空席危機」まで、さらにウェルナー・プランからマーストリヒト後の不安まで、あらゆる統合の前進は国民主権に対して不安を与える。ヨーロッパ統合に対するフランスのあらゆる主導権は、フランスのアイデンティティー危機の原因を作り出し、この危機は次のフランスの萎縮局面を生み出す。多くの点で、ジャン・モネの賭けは負けるが、それは部分的であるにすぎない。実際、彼は経済を通じたヨーロッパ統合がヨーロッパの連帯の束を築き、その結果、政治的ヨーロッパの必要が生じることを期待していた。彼が着想を与えたシューマン・プランは、ECSCがヨーロッパ連邦に向けた一歩であると主張していなかっただろうか。経済的機能を作り上げ、それが政治的機能の創出に向けた積極政策を引き起こすことを迫られるという、この「機能主義的」方法は、実際には成功しなかった。連邦は特別に出現しなかっただけでなく、EDCをめぐる心理ドラマの後、さらにドゴール時代以後、一層この言葉は長い間タブーとなった。経済統合の進展は、アイデンティティー・タイプの不安を分泌する恐れがあった。

とはいえ、フランス側を含めて、ヨーロッパ統合の力学は破壊されてはいない。積極政策は、機能主義の道の外側で働いた。機能主義の成功ではなく、その失敗が、別の成功に対する通気管を準備したのである。成功がいつも不安を生み出して終わるのと同様に、失敗と尻込みは、今度は、いつもヨーロッパ建設の中心でないことはフランスにとり相対的な不利益であることを意識させる。その時、孤立は国民的利益に反すると見なされる。しばしば自分を孤立させるヨーロッパの危機の当初に、フランス人はヨーロッパの「再発進」に参加し、あるいは大いに貢献さえしようとする。これはEDC事件後、一九五五年のメッシナで、ド・ゴールの拒否後、一九六九年のハーグで、左翼の経済政策の不一致後、一九八四年のフォンテンブローで、それぞれ見られたことである。もっと最近のところでは、この失敗の弁証法は、改めてその影響を感じさせた。ボスニアにおけるヨーロッパの無力の確認は、サンマロの英仏の奮起とヨーロッパ防衛アイデンティティーの前進を引き起こした。また二〇〇〇年のニースにおいて、政府間の枠組みの中で制度を検討することの困難が示されたことは、一年後、ラーケンにおいて、独立の会議体と将来の政体について検討する協定を作る必要を確信させた。

要するに、国民的利益のロジックと国民主権のロジックの間に対立が存在し、そして一定の範囲内で、最終的にはいつも前者が後者に勝利する。フランスは主権に対する強い不安感を抱く可能性があるが、主権を救うために徹底的に戦うことは、ヨーロッパにおける影響力という本質的なものを奪い取られる恐れがあることに、すぐに気がつく。フランスを含めて、ヨーロッパの各国は、国民的利益の名のもとに、主権の一部を放棄しなければならない。この進化は、ナショナル・アイデンティティーの根本的変化のあかしである。フランス人であると感じること、あるいはフランス人であることの誇りは、もはやフランスの国家という尺度だけでは測りえなくなり、この国民的誇りは、国民的利益が合致しうるヨーロッパの利益という概念と対立しなくなっている。本当の幾何学的図形の形成が見られ、その特性を管理することが必要である。エコノミストは、すでにヨーロッパにとって「矛盾する通貨の三角形」の存在を認めていた。三頂点のうちの二頂点は両立するが、三つ全部が矛盾しないということは決してありえない。ヨーロッパの諸通貨間の固定平価と国民的経済政策の独立は両立しうるが、それらは資本移動の自由とは両立できない。資本移動の自由は国民的独立と相容れるが、この条件のもとでは、固定平価を保持することは不可能である。資本移動の自由と固定平価を同時に望むならば、その場合には金融政策に関する国民的独立を放棄することを受け入れなければならない。同様に、今日のヨーロッパにおいて、国民主権、国民的利益、ヨーロッパの利益の間で、矛盾する政治的三角形について論じることが出来よう。同時に国民主権と国民的利益を求めて行動しすぎると、ヨーロッパの利益を犠牲にし、ヨーロッパ建設を阻害することになる。主権をヨーロッパの利益と和解させようとすることは、イギリス流のオプティング・アウトを採用することであり、妨害しないで統合の前進に参加を拒否することであるが、この「ゲーム離脱」の立場は、結局、国民的利益に反することを示す。なぜならば、それはEUにおける影響力の喪失の危険を内包しているからである。最後に、同時に国民的利益とヨーロッパの利益に奉仕することを求めるならば、国民主権の一部を放棄することを受け入れることに行き着く。ド・ゴール主義者さえ、その多数派はマーストリヒト条約と単一通貨を承認したのだから、このような解決に同意を与えている。(13)

この三角形は、フランス人のアイデンティティーを含めて、ナショナル・アイデンティティーの進化をはっきりと示している。一方で、国民のアイデンティティーは、もはやその主権に還元されず、国民的利益は国家の利益よりも重要になっている。他方では、この進化は、世論の一部に不安を抱かせないようになっている。この進化において、一九七〇年代と一九八〇年代の転換が非常に重要である(14)。

## パワーのロジックからアイデンティティーに対する関心へ

ヨーロッパ統合に対するフランスの周期には連続性が見られ、またフランスの国民的利益と国民主権の間のジレンマにも連続性が見られるとしても、一九七〇年代以来、一連の根本的な変化が生じている。

まず、EC（ヨーロッパ共同体）へのイギリスの加盟は、ヨーロッパの均衡を相当変化させる。他方、同じ頃、ドイツは政治大国として確立される。ウィリー・ブラントの東方政策は、この経済的巨人がもはや「政治的小人」にとどまらないことを助ける。したがってもはやヨーロッパにおけるフランスのリーダーシップの余地はなくなる。したがってフランスにとって、共有された影響力を行使することを助けてくれるような特別のパートナーを見つけることが、一層必要となる。フランスの強迫観念の一つは、あらゆる孤立と闘うことである。英独同盟、あるいはサッチャー＝シュミットの同盟に対する不安は、フランソワ・ミッテランの任期の初期、フランスの責任者たちの間に強く存在していた。[15]したがって彼は仏独カップルの修復にあらゆる努力を傾ける。[16]フランスは、仏独モデルのヨーロッパを建設することとさえ試みる。それは自由貿易の経済空間に限定されるようなイギリス人が望むヨーロッパに対して、政治的な願いや構想をもったヨーロッパを建設することである。いずれにせよ、フランスはヨーロッパの建設において、もはや以前と同じ重みを持っておらず、ヨーロッパを建設するために、一層ドイツに依存するようになっている。安全保障と防衛の面では、一九九八年にサンマロで開始されたプロセスが示すように、フランスはますますイギリスに支えられるようになっている。

もう一つの変化は、ヨーロッパの思想に対する知識人の回帰である。この回帰は部分的であるが、現実のものである。一九二〇年代にはヨーロッパ建設の闘いにおおいに関与していた作家、哲学者、小説家にとっては、一九四五年から一九七三年ないし一九七四年の間は、別の問題が彼らの参加の対象であった。すなわち冷戦（ソ連に対する賛成・反対、アメリカに対する賛成・反対）と植民地解放である。(17) この点で、エドガー・モランの例は、非常に重要である。(18) 第二次世界大戦中はドイツ占領軍に抵抗し、一九五一年まで共産党員であり、インドシナ戦争とアルジェリア戦争に反対して闘い、一九六〇年代は第三世界論者であった彼の頭の中では、ヨーロッパはいかなる場所も占めていない。当時、テクノクラート的、資本主義的、さらに反動的と見なしていたヨーロッパ統合に対して反対の態度さえ示している。しかし一九七三年の石油危機の間に、彼はヨーロッパの弱体とさらに統一の必要を意識する。一般的に、マルクス主義の衰退と一九七四年以後のフランスにおける「ソルジェニツィン効果」は、多くの知識人の場合、革命後の地上における楽園を約束する世界主義的な偉大なイデオロギーを放棄させる効果をもった。以後、モランの場合と同様、彼らの中の一部においても、ヨーロッパはより現実主義的で慎重な大義を形成することが可能となる。

第三の変化は、ドゴール主義者の進化である。一九五四年のEDCをめぐる議論と、一九九二年のマーストリヒト条約をめぐる議論を比較すれば、フランスの政党の大半については連続性が見られる。共産党は、いずれの場合もヨーロッパ建設に反対である。社会党の多数派は、それに賛成である。キリスト教民主主義者は強力に支持する。これに対して、ドゴール派は、態度を変えたのである。彼らはEDCを激しく拒否したが、一九九二年に、その多数派は、アラン・ジュッペとジャック・シラクの影響のもとに、条約の批准に賛成を投じた（国民投票における「ノン」のために闘ったシャルル・パスクワとフィリップ・セガンを除く）。ここに今後ますますヨーロッパ・アイデンティティーと両立可能になるナショナル・アイデンティティーの変容とともに、フランスのパワーに関するロジックとイメージの重要な変化を認めなければならない。

また同じ頃から、前述の二つの変化によって、問題状況の転換が見られるようになった。すなわちフランスの「パワー」ないしリーダーシップの問題――この動機が失敗したことは知られている――から、アイデンティティーの問題に関心が移り、知識人たちはこの新たな問題設定におおいに関与している。今日フランス人であるとは、どういうことか。ヨーロッパ人であるとは、どういうことか。一部の人々は、ナショナル・アイデンティティーが危機に瀕し、ECの中で薄まる危険が迫っていると考える。しかし多数派にとって、ナショナル・アイデンティティーは進化し、それはもはやヨーロッパ・アイデンティティー、さらには地方ないし地域のアイデンティティーという第三のアイデンティティーを排除しなくなっている。一九六〇年代まで、したがってド・ゴールの退陣まで、長い間支配的であったフランス的ヨーロッパという思想は、おそらくヨーロッパ的フランスの現実に席を譲り始めているのであろう。

とはいえこのヨーロッパ的フランスは決して自明のことではない。この進化に対する抵抗は、拒否反応と同様に、数多くある。二〇〇二年の大統領選挙の第一回投票は、それを如実に示した。極右におけるル・ペンへの投票と左翼のごく一部のシュベーヌマンへの投票は、有権者のかなりの部分が、このヨーロッパ的フランスを拒否していることを示した。しかしフランス人の躁鬱症は、またもや示された。第二回投票では、フランス人の八二%は外国人排斥と反ヨーロッパ主義を斥けたのである。ポピュリズムが躍進した国（オーストリアやオランダ）を含めて、他のヨーロッパ諸国に見られるのと同じ割合が取り戻され、国民の五分の四はヨーロッパ・アイデンティティーの変化を同化し、五分の一は排他的なナショナル・アイデンティティーに後退することで不安を表明する。したがってフランス人の往復運動は、他の国にも見出される。ヨーロッパ建設の後退はこの不安によって引き起こされる。この不安は、少数であるとはいえ、それが発展している社会層においては激しいものである。しかしフランスにとって、ヨーロッパ建設の結果は依然としておおいに肯定的である。アクセルとブレーキの間での揺れは、真のヨーロッパの力学を進める方向に向かっているからである。

**注**

（1） Robert Frank, 《La France de 2002 est-elle eurofrieuse?》, *Revue Politique et Parlementaire*, n° 1017–1018, mars-avril 2002; Robert Frank, 《European identity, European Consciousness and European Integration》 in H. S. Chopra et Robert Frank（dir.）, *National Identity and Regional Cooperation, European integration and South Asian Perceptions*, New Delhi, 1998 参照。

（2） ヨーロッパ建設の歴史については、以下を参照。Pierre Gerbet, *La Construction de l'Europe*, Paris, Imprimerie nationale, 1983; Marie-Thérèse Bitsch, *Histoire de la construction européenne de 1945 à nos jours*, Bruxelles, éd. Complexe, 1996; Elisabeth du Réau, *L'idée d'Europe au XXe siècle: des mythes aux realités*, Bruxelles, édition Complexe, 1996; Gérard Bossuat, *Les fondateurs de l'Europe*, Paris, Belin, 1994, 2e édition, 2001.

(3) Antoine Fleury (dir.), *Le Plan Briand d'union européenne: perspectives nationales et transnationales avec documents*, Berne, Peter Lang, 2001.

(4) Robert Frank, 《Les contretemps de l'aventure européenne》, *XXe siècle, Revue d'Histoire*, n° 60, octobre-décembre 2000; André Bachoud, Josefina Cuesta, Michel Trebitsch (dir.), *Les Intellectuels et l'Europe de 1945 à nos jours*, Paris, Publications universitaires, Denis Diderot, 2000; Lorenzo Morselli, *Francis Delaisi et l'Europe*, mémoire de maîtrise sous la direction de Robert Frank, Université de Paris 1 Panthéon-Sorbonne, 2001.

(5) とはいえその歴史を通じて、ヨーロッパ審議会は、幾度となく有効性を示した。それはヨーロッパ人権協定を完成し、一九五五年にはヨーロッパの旗(金色の一二個の星を付けたブルー)を発明し、これは一九八六年ヨーロッパ共同体によって採択された。一九八九年の共産主義体制の崩壊後、それは民主主義を制度化することを条件に、東欧諸国を迎え入れる最初のヨーロッパ組織となる。Marie-Thérèse Bitsch (dir.), *Jalons pour l'histoire du Conseil de l'Europe*, Berne, Peter Lang, 1997 参照。

(6) Bruno Riondel, *Maurice Faure et l'Europe*, Thèse sous la direction de René Girault, Université de Paris 1 Panthéon-Sorbonne, L'Harmattan, 2000.

(7) *Georges Pompidou et l'Europe*, colloque 25-26 novembre 1993, Bruxelles éditions Complexe, 1995.

(8) Robert Frank, 《Pompidou, le franc et l'Europe》, in *Georges Pompidou et l'Europe, op. cit.*, pp. 339-369.

（9） Serge Berstein, Pierre Milza, Jean-Louis Bianco（dir.）, *Les années Mitterand, les années du changement, 1981–1984*, Paris, Perrin, 2001; 一方、パリ第一大学（パンテオン・ソルボンヌ）のジョルジュ・ソニエ Georges Saunier は、私の指導のもとで「フランソワ・ミッテランとヨーロッパ」に関する博士論文を準備中である。

（10） Robert Frank,《Les incidences nationales et internnationales de la défaite française: le choc, le trauma et le syndrome de quarante》, in Christine Levisse-Trouze（dir.）, *La campagne 1940*, Paris, Taillandier, 2001.

（11） Robert Frank, *La hantise déclin. Le rang de la France en Europe*（*1929–1960*）*: finance, défense et identité nationale*, Paris, Belin, 1994.

（12） Georges-Henri Soutou, *L'Alliance incertaine, les rapports politico-stratégiques franco-allemands, 1954–1996*, Paris, Fayard, 1996.

（13） この政治的矛盾の三角形は、以下の拙稿の中で初めて展開された。Robert Frank,《La France de 2002》, article cité.

（14） Elisabeth du Réau et Robert Frank（dir.）, *Dynamiques européennes: nouvel espace et nouveaux acteurs*（*1968–1981*）, Paris, Publications de la Sorbonne, 2002.

（15） Robert Frank,《Les effets de l'élection de Francois Mitterand dans le monde》, in Serge Berstein, Pierre Milza, Jean-Louis Bianco（dir.）, *Les années Mitterrand, op. cit.*

（16） 本書第4章「仏独和解とヨーロッパ建設」参照。

（17） Robert Frank,《Raymond Aron, Edgar Morin et les autres: le combat intellectuel pour l'Europe est-il possible après 1950?》, in Andre Bachoud, Josefina Cuesta, Michel Trebitsch (dir.), *Les intellectuels, op. cit,* pp. 77–89.

(18) Edgar Morin, *Penser l'Europe,* Gallimard, 1er édition, 1987（林勝一訳『ヨーロッパを考える』法政大学出版局、一九八八年）、2e édition, 1990.

# 第3章　フランス経済近代化とヨーロッパ統合（一九四五〜二〇〇二年）

確かに、フランス経済近代化とヨーロッパ建設の間には一つの関係、さらに複数の関係さえ見られる。まず、意図の点で関係が見られる。フランスの多くの「ヨーロッパ支持派」は、明らかにフランス経済に近代化を強制するために、ヨーロッパ統合を支持して活動する。彼らの側では、近代化は、少なくとも部分的には、経済的自由主義のある種の主張によって吹き込まれた推論を多少とも意識的に前提しているからである。逆に、多くの「ヨーロッパ反対派」は、この「近代主義」の根拠である隠れた自由主義の影響を恐れるから、統合に反対するのである。次に、結果の点でも関係が見られる。ヨーロッパ建設は国の経済近代化に寄与した。唯一の問題は、ヨーロッパ統合の役割を測定すること、すなわち統合の結果であることとより広い世界への市場開放に由来すること、さらに国家の活動にかかわることを評価することである。最後に、経済問題において社会的な現象と心性上の現象を無視しないことが望ましい。ヨーロッパとの対決によって、フランスの経済や通貨に関する文化がどのように進化したかという問題が、検討に値するのである。

フランスの近代化とヨーロッパ建設の間のこれら三つの関係を扱うために、三つの時期を区分することにしよう。第一の時期は、一九五七年にローマ条約の締結にとりかかる時期、第二の時期は、共同市場の成功によって際立つ一九五八年から一九七四年までの時期、[1]

そして第三の時期は、長期不況と「グローバリゼーション」によって特徴づけられる一九七四年から現在までの時期である。

## フランスの近代化とヨーロッパ建設——現実に先立つ構想（一九四五〜一九五七年）

まず、フランスはなかなか放棄できなかった長期の「保護主義的」伝統を持っていたことを理解しなければならない。ナポレオン三世は、ミッシェル・シュヴァリエのような経済的自由主義者たちの影響を受けて、一八六〇年にイギリス、次いで他のヨーロッパ諸国と自由貿易条約を締結する。この通商開放と関税引下げ政策は、おおいにフランスの産業家たちを不安に陥れる。数年後、一九世紀末の「大不況」のおかげで、フランスは大半のヨーロッパ諸国——イギリスは別であるが——と同様に、保護主義に戻る。とりわけ、それを実施した大臣の名前をつけた一八九〇年代の「メリーヌ関税」は、工業と同時に、世界的な農産物相場の低落とアメリカ合衆国を先頭とする「新興国」の競争によって収益性を脅かされていた農業を保護する。第一次大戦とその直後の時期は、ヨーロッパとフランスにおいてこの保護主義を強める。とはいえ一部の実業家たちはこの傾向に反対し、関税の引下げを要求する。幾人かはヨーロッパ関税同盟の結成さえ勧める。これはローランス・バデルの博士論文(2)によって見事に研究されたフランスの大規模商業の指導者たちと、このグループの主要な指導者であるギャラリー・ラファイエットの経営者、ジャック・ラクール＝ガイエの場合である。フランシス・ドレジ(3)のようなエコノミストの場合も同様である。エコノミストたちにとって、企業が大量生産に乗り出し、拡大し、アメリカの競争に対抗できるだけの十分な規模を獲得することができるように、アメリカに匹敵するより大きな市場を創出することが重要であった。実際、一九二〇年代から、アメリカに対するヨーロッパの衰退というテーマは、多くのエコノミストや実業家に見られる。産業家であると同時に政治家でもあるルイ・ルシュールのように、政治家がこの動きを引き継ぐ。最近の研究は、さらに両立が不可能ではない二つの傾向が見られることを示している(4)。すなわち基本的に産業部門を基礎とした「契約的な道」（一九二六年には鋼カルテルが結成される）と、関税同盟の設立を通じた「自由主義的な道」との二つである。しかしこれらの例は、経済界の多くが保護主義に固執していたという事実を隠すべきではない。しかも一九三〇年代の恐慌とともに、これは強まる。関税が引き上げられただけでなく、外国における購入の上限を上回る生産物の輸入をはっきりと禁止する「輸入割り当て」のような別の保護主義の手段も普及する。

第二次大戦後、ヨーロッパ運動は再生し、関税引下げの支持者が組織される。ポール・ファン・ゼーラントに率いられた「ヨーロッパ経済協力同盟」が結成される。国際的な状況も変化する。真の超大国の地位に上がったアメリカ合衆国は、これからは孤立主義を放棄し、世界の均衡を追求するようになる。彼らの見解では、世界は繁栄を経過し、それは関税障壁の引下げに基づかねばならない。したがってアメリカは、ヨーロッパ諸国が国境を開放するように要求する。彼らの要求は、彼らと彼らが援助しようとする同盟国とによって調印された大半の武器貸与協定の中に記載される。この要求は、さらに一九四四年のブレトンウッズ協定や一九四五年の対英借款協定に、また必然的に一九四七年のGATTの協定にも見られる。それ以上に、マーシャル・プランの際には、一九四八年に最初のヨーロッパ機構であるOEEC（ヨーロッパ経済協力機構）が設置されるが、その主要な使命は、アメリカの要求によって、為替と貿易を自由化し、ヨーロッパ域内諸国間と欧米間の関税を引き下げることである。OEECのこの役割はかなり良く引き受けられた(5)。したがって、フランスの経済構造に対する好ましい影響が期待された戦後の経済的自由主義は、ヨーロッパ空間の中よりも大西洋空間の中で発揮された、と言えるだろう。

また政治的指導者の側の大きな野心にも注目する必要がある。それはフランス経済の基盤を変えることである。彼らは一九四〇年の敗北が産業の古さに起因すると確信している。この「一九四〇年シンドローム」は、戦後フランスの近代化を動かす大きな原動力の一つである。この革新に最も貢献するのはジャン・モネである。彼は明らかにフランスの産業設備の更新を目的とした経済計画の思想を抱いていたからである。彼のスローガンは、「近代化か衰退か」である(6)。近代化は、一九四四年三月の全国抵抗評議会の綱領が示すように(7)、フランスの対独抵抗《レジスタンス》運動の主要な要求の一つであった。しかしその際には、ヨーロッパはまだ要求されていない。前面に出るのは国家であり、近代化にとって国家の関与が基本的と考えられた。その結果、国有化(8)――石炭、電力、ガス、保険会社、いくつかの銀行、ルノー自動車工場――とジャン・モネの「設備近代化計画」が生じた。（第一次大戦後のように）「（戦前と）同一形態の」復興にとりかかることは問題にならない。戦前よりも近代的な基盤の上に経済を築くために、戦争による破壊を利用する必要がある。アメリカの生産モデルが模倣される。マーシャル・プランの枠内で数多くの「生産性使節団」

――企業主・技師・技術者の使節――がアメリカ合衆国に派遣された。経済計画――ソ連型の「指令型経済計画」ではなく、民間イニシャティブを方向づけるのに適した「誘導型」計画――を通じて、公権力がこの転換の主要なアクターとなる。公共投資は、当初総投資の八〇％、次いで六九％を占め、一九五〇年頃でもなお半分を占めている。したがって民間セクターは侵害されず、全く逆である。国の主要な設備の復興と近代化につれて、民間セクターに場所を与えるという考え方である。フランスの選択はイギリスのそれとは異なっていた。労働党によって統治されたイギリスは、「人民の戦争」ののち、社会改革（無償医療）と、ポンドがドルと同様に基軸通貨にとどまることを期待して、通貨安定を優先する。設備や旧式の産業の革新は、インフレとの闘いほど重要ではないように見えた。フランスでは、逆に、フランは近代化の努力の犠牲にされる。マーシャル援助によるドル資金のポンドでの「見返り勘定」が、通貨総量の増加を制限するために、イングランド銀行によって凍結されたのに対して、フランでの「見返り勘定」は、フランス銀行によって国庫に前貸しされ、国庫はそれを通貨循環の中に加え、近代化設備基金、すなわちモネ・プランの金融のために活用する。一九四八年にやっと財政安定化計画、マイエル・プランが開始されるにすぎない(9)。しかしジャン・モネは、計画庁長官として、緊縮予算が近代化のための公共投資に影響しないように監視する。このような英仏間の経済的方法に関する違いは、ＯＥＥＣ内部における政治的不一致に転換する。当時、両国はこの機関を支配することが出来、しかもヨーロッパ建設のために一緒にそれを利用しようという野心を抱いている。しかしフランス人は、一定のヨーロッパの分業を確立するために彼ら流の経済計画を導入することを望んでおり、イギリス人はこうすることによってヨーロッパ全体にインフレが蔓延することを恐れ、この分業が話題になることを好まない。経済に関するこの不一致は、一九四九年のポンドの一方的な切り下げによって悪化する。フランスとの協議を経ずに実施されたこの措置は、モネを筆頭に、フランス人を怒らせる。モネはイギリス贔屓の主要な人物の一人であるが、英仏主導のヨーロッパの試みが挫折したこと、フランスは同盟国イギリスとヨーロッパ統合を進めることは出来ず、別のパートナーを見つけなければならないことを理解させる。

したがってフランス経済近代化の開始は、ヨーロッパ建設の開始よりも先行している。ジャン・モネは、フランス近代化と同時にヨーロッパ建設の立役者である。とはいえこのことから、彼が近代化構想を促進するために、一九四六年、一九四七年、あるいは一九四八年の時点で、ヨーロッパ建設を望んでいた、と結論してはならない。逆に、この頃彼はまだ近代化に重点を置こうとしており、したがって彼は、いったんフランスの近代化が進み、パートナー諸国の競争に耐えられるようになるときに初めてヨーロッパ建設を考えていた。[10] 一九四九〜一九五〇年に状況は変化する。この頃、フランスは一九三八年の生産水準を回復し、重工業は、相対的によく近代化された。またイギリスがヨーロッパ建設に余り熱心でないように見えるときに、ドイツ連邦共和国の誕生によって、新しい政治的パートナーが出現する。

こういうわけで、一九五〇年にジャン・モネは、なお慎重で石炭と鉄鋼の市場に限定された「部門統合」の構想をもって、ロベール・シューマンに対して、ドイツに訴えるように提案する。こうしてこの年の五月九日にシューマン・プランが発表され、それは一九五一年四月に調印されるＥＣＳＣ（ヨーロッパ石炭鉄鋼共同体）条約に行き着く。[11] フランソワーズ・ベルジェの博士論文は、ＥＣＳＣに対して、フランスの鉄鋼業界が、どのようにして当初、称賛と批判が入り混じった反応を抱いたかを示している。[12] 一方では、彼らは一九二六年のカルテル以来の彼らの思想や経験が考慮されたことを喜ぶ。しかし他方では、この新しい共同体が反カルテル的であり、また価格水準を救おうとするどころか、その反対であることを見て不満を抱く。次いで、一九五五年頃の第二段階になると、彼らはフランス鉄鋼業がＥＣＳＣから引き出す利益を理解するようになる。ＥＣＳＣはフランス製鋼業の近代化に部分的に報いる。たとえばドゥナンの高速圧延機械は、共同体の多額の資金を獲得した。この部門の産業集中は、ユジノールとシデロールの設立によって、ＥＣＳＣの結成よりわずかに先行していたが、ＥＣＳＣはフランス鉄鋼業の成長にとって決定的であった。フランスの近代化とヨーロッパ建設は、現実のものになり始める。

共同市場の帰結は、非常に重要であり、ＯＥＥＣやＥＣＳＣよりもはるかに重要であるから、一九五七年のローマ条約によって結成されたＥＥＣとともに、大きな転換が開始される。しかしその前に一つの政治的問題が提起される。ローマ条約の交渉過程で、ギー・モレ政府が大きな役割を果たしたことは知られている。確かに、フランスの社会党は、戦争以来、ヨーロッパ建設に賛成であるが、彼らが望んでいたのは社会主義的なヨーロッパである。どういうわけでフランスの左翼、とくに社会党が経済面で顕著に「自由主義的な」構想の成功に貢献するというのか。なぜ、彼らはこの点でＭＲＰ（人民共和運動）のキリスト教民主主義者とほとんど変わらないように見える綱領を賛美するのだろうか。まず、戦間期以来フランスの社会党は、資本主義を根本的に改革することを望んでいたとしても、市場経済を受け入れていたからである。次に、彼らは「近代化論者」としての言説の責任を全面的に引き受けるからである。一九五〇年代から、彼らはのちに社会主義が勝利し、より良い富の配分に取りかかれるようになるには、フランス経済の革新が最も必要なことであると考えている。こういうわけで第四共和政の政治勢力の大部分が、彼らの経済的文化の中に、フランス経済近代化のためにヨーロッパ建設が不可欠であるという思想を合体するのである。

## 共同市場、成長、フランスの近代化（一九五八〜一九七四年）

この点に関して、第四共和政と第五共和政の間に断絶はない。ドゴール主義者は、実際共同市場に参加する。政権に復帰したド・ゴール将軍は、ECSC、とりわけEDCを激しく批判していたが、予想に反して、ローマ条約を採用すること、そして関税障壁の引き下げによって開かれた経済競争に備えるためになんでも実行することをただちに宣言する。確かに一九五八年末に行われたピネ＝リュフの財政再建計画とフラン切り下げは、まさにこのことを目的としている。当時の首相ミッシェル・ドゥブレの文書が公開され、ＥＥＣはまさにド・ゴール将軍のある種の望みに役立ちうるが故に受け入れられたことを示している。彼はフランスの独立を望んでいる。ところでこの政治的独立は、経済的独立を伴わなければ不可能である。経済的独立は、フランスの生産構造の持続的な近代化を必然的に経過しなければならず、共同市場は、それに伴う競争によって、この革新にとって可能な最良の刺激である。一九六〇年一〇月、（首相）ミッシェル・ドゥブレは、マクミラン政府のヨーロッパ問題担当大臣であるエドガー・ヒースに対して、共同市場はフランスの保護主義の伝統を解体し、国の産業近代化を促進する効果を持つと説明している。[13] ローマ条約の中で悪く評価されることは、第二段階で条約が予定する「超国家的な」政治的側面であり、この時、ＥＥＣの決定は満場一致ではなく、特定多数決によって行われると考えられる。ド・ゴールは、「空席危機」の間、この手続きに反対して闘う（フランスは、一種の「ストライキ」を行い、一九六五年七月から一九六六年一月の間、もはやヨーロッパ共同体の議論に参加しない）。彼は、共同体の重要な決定について全体の合意が必要であることを強く勧める「ルクセンブルグの合意」によって、おおいに満足を獲得する。

しかし一九六二年一月のブリュッセル協定がフランス農業、したがってドゴール派の有権者の多くの部分にとって、全面的に有利な条件で共通農業政策の条項を確定したが故に、経済面では第五共和政の指導者はフランス経済に対する利益しか見ない。共通農業政策は、以下のようないくつかの原則を掲げる。[14] 共同体空間内部における農業関税の廃止、北アメリカの大農経営に比較して中小にとどまる農家経営に「利益があがる」ように、世界相場を上回る水準で閣僚理事会が主要農産物価格を決定すること、「共同体の特恵制度」(共同体外部からのあらゆる農産物輸入は共同体価格と世界相場の間の差額分だけ課税され、この課税が共同体の予算の財源となる)。さらにヨーロッパ農業指導保証基金(FEOGA)が創設され、EEC外部からの農産物輸入業者から徴収される資金によって、EECは共同体外部への輸出業者に域内価格と世界価格の差額を支払う。またEECは加盟国政府が小農業経営を近代化することを支援する。フランスでは、一九六〇~一九六二年に農相エドガール・ピザニによって重要な措置がとられ、高齢農業従事者の離農(離農終身補償金IVDによる)が奨励され、彼らの土地は多数の離農者の土地を受け取る若い農業従事者に譲渡される。小経営をより収益的で動力化(トラクター)と機械化(コンバイン)がより可能な中経営に合体することを促進するために、農村土地整理組合(SAFER)

が創設される。フランスの農家経営の平均規模は、実際、ほぼ一〇年間で一六ヘクタールから二五ヘクタールに変化した。以前からフランスはヨーロッパ一の農業国であったが、食糧の自給には十分ではなく、輸入が輸出を上回っていた。共通農業政策のおかげでフランス農業は輸出超過となり、農業は国の第一の外貨獲得源にさえなった。

一般的に、共同市場はフランスの成長を促進する要因の一つである。確かに、一九六〇年代の「消費社会」の確立、したがって家電・テレビ、自動車に対する国内需要の爆発は、当時のフランスの経済拡大に深く関係している。しかしフランス産業は、この需要に応え、ヨーロッパの競争に耐え（一九六八年七月一日以後、もはや共同市場内に関税はない）、輸出することとさえ出来た。次の表が示すように、この頃は、政治的な植民地放棄ののちに生じたフランスの対外貿易の「植民地放棄」と経済的な植民地放棄の時期でもある。(15)

フランスの産業集中運動も共同市場の影響であると同時に、この過程を奨励したフランス国家の努力の効果である。ジョルジュ・ポンピドゥー首相（一九六二〜一九六八年の在任期間）は、この点に関して「産業の至上命令」とまで語った。フランスはヨーロッパと世界に開かれていたので、政府は国際的な規模の大グループの形成を刺激しなければなら

フランスの輸出先・輸入先の割合
(1962〜1972年)[16]

| 相手地域 | 1962年 | 1969年 | 1972年 |
|---|---|---|---|
| 輸出 | | | |
| EEC | 36.8% | 47.5% | 49.5% |
| EFTA | 15.7% | 13.6% | 15.2% |
| フラン圏 | 20.1% | 11.5% | 9.0% |
| 輸入 | | | |
| EEC | 33.5% | 50.0% | 50.0% |
| EFTA | 11.0% | 11.7% | 11.5% |
| フラン圏 | 20.8% | 9.4% | 6.4% |

なかったのである。鉄鋼業は、ヴァンデル＝シデロール・グループの回りに組織された。化学工業は、ローヌ＝プーラン＝プロジル、ペシネー＝ユジーヌ＝キュルマン、サンゴバン＝ポンタムッソンといったいくつかの集団の周りで再編された。航空機産業は国有化され、北部航空と南部航空の二つの企業があったが、それらは一九七〇年に合体して国有宇宙航空機会社（ＳＮＩＡＳ）を結成した。ＥＥＣの枠外では、政府間のヨーロッパ的なプロジェクトが、一九六九年からさまざまな科学技術上の実験を支援する。英仏計画であるコンコルド、基本的に仏独計画であるエアバスがその例である。これによってヨーロッパの航空機産業は、アメリカの航空機メーカー、とくにボーイング社と競争する野心を抱いている。銀行部門でも、集中が必要であり、一九六六年、ＢＮＩＣ（Banque Nationale du Commerce et de l'Industrie）とＣＮＥＰ（Comptoir National d'Escompte de Paris）が合併してＢＮＰ（Banque Nationale de Paris）が結成される。

大統領となったジョルジュ・ポンピドゥー（在任期間、一九六九～一九七四年）は、この動きに参加を続ける。彼が最初に実施した措置の一つは、一九六八年の運動に起因する大幅賃上げによって作り出されたインフレ的な運動を埋め合わせるために、フラン切り下げに取りかかる（一九六九年八月）ことである。彼はまた――自ら公然と表明している――EEC内部におけるフランスの競争力の改善を期待する。そのために一九六八～一九七四年は、国内購買力の上昇と切り下げの両方のおかげで、年率五％と六％の間の成長率を達成し、フランス最高の成長の時期となる。結局、一九五七～一九七四年は、フランス経済にとって大きな変化の期間を画し、指導者は世論と同様、共同市場がフランスの経済的成功におおいに寄与したことを確信する。一般に、ヨーロッパの成功が存在し、その結果、ヨーロッパは客観的成果と精神の両面において価値を認めさせる。

## ヨーロッパ統合の強制――グローバリゼーションとフランス経済の最適応（一九七四～二〇〇二年）

フランス経済は、一九七三～一九七四年に始まる世界的な危機によってまともに打撃を受ける。この危機には、一九三〇年代の大恐慌に比較して二つの大きな違いが見られる。

まず、戦前は生産と同時に物価が低下したが、一九七〇年代には、生産は実際のところ低下せず——成長の減速あるいは厳密には成長の停止である——、物価は石油コストの暴騰によって、大幅に上昇している。これは当時スタグフレーションと呼ばれた。次に、ヨーロッパの人々は、一九三〇年代のように、一国的な利己主義の反射的行動に戻らず、逆に、彼らの協議が強まる。協議はすでに通貨面で始まっており、一九七一年のドル危機とブレトンウッズ体制の崩壊後、ヨーロッパの通貨は「スネーク」を形成し、通貨間の相場変動の幅を二・二五％以内に制限した。確かに、大きな危機はこの制度を困難に陥れ、フランは一九七四年に離脱し、一九七五年に復帰し、一九七六年に再び離脱する。しかし解決策は絶えず追求されている。

実際、その後の政府は引き締め政策と景気刺激政策を交互に行うが、大きな成功をあげない。一九七四年のフルカド蔵相の景気抑制プラン（このとき首相はシラク、大統領はジスカール・デスタンである）、一九七五〜一九七六年のシラクの景気回復プラン、ヨーロッパ通貨制度ＳＭＥの創設とそれに参加するフランの力を支えることを目的に実施された一九七六〜一九八一年のレイモン・バールの緊縮プランが交互に見られる。さらに一九八一年に左翼が政権につくと、大規模な構造改革（一九四四～一九四六年に実施された国有化にいくつかの国有化が加わる）のほかに、賃金の大幅引上げに支えられた刺激政策が選択される。一九八二～一九八三年に、フランソワ・ミッテランは方向転換をしなければならず、引き締め政策が刺激政策に代わる。この「ストップ・アンド・ゴー政策」は、結局無効であることが明らかとなる。緊縮政策は、インフレを抑えるという長所があるが、成長を鈍化させ失業を大幅に増加させるという欠点をもつ。当時の刺激政策は、失業の増加を抑えるが減らさず、ヨーロッパと世界に対するフランス経済の開放故に、国内生産よりも輸入の増加を刺激し、インフレと通貨価値の下落を加速し、同様に、緊縮に戻ることを余儀なくする。

一九八三年に真の転換が行われる。フランソワ・ミッテランは、ヨーロッパの大義のために、ヨーロッパのパートナー諸国と対立していた左翼の経済政策を犠牲にすることを決断する。ヨーロッパの理想だけが問題ではなく、リアリズムも問題である。ヨーロッパはフランス経済にとってもっとも重要な販路である（ＥＥＣがフランスの輸出入に占める割合は、一九七二年に五〇％であったが、この時点では六五～六六％になっている）。またヨーロッパは依然としてフランスが近代世界に適応するための主要な刺激である。一九八三年以後、ヨーロッパ諸国と比べて異質な政策はもはや存在しない。一九四四年、一九四八年、一九五七年、一九五八年、一九六九年の切り下げ、一九七四〜一九八一年の変動フランの形態（マルクに対してフラン価値は四一％低下した）、一九八一年、一九八二年、一九八三年の切り下げのように、この時までたびたび繰り返されてきた競争的切り下げは、もはやフランスの戦略の一部ではなくなる。以後、「強いフラン」の政策が行われる。こうしての結果、フランスはより健全な形でヨーロッパの成長に参加するようになる。こうしてヨーロッパは、フランスの左翼のみならずフランス全体に、真の「文化革命」を行うことを可能にしたのである。一九八三年以来全面的に変化したのは、この国全体の通貨文化である。この現象は、経済通貨同盟ＥＭＵの構想を含んだ一九九二年のマーストリヒト条約に至る独仏交渉を容易にした。「収斂基準」の概念が、フランス人によって受け入れられ、それがユーロ発行の成功に貢献する。

別の政策の手直しが、とくに共通農業政策の分野において、同意されねばならなかった。共通農業政策は生産性の上昇を奨励してきたために、販売されない余剰作物が累積し、それが共同体の財政に大きな負担となっていた。一九八四年、フランス農家の激しい不満のもとで、この制度を改革することが必要であった。ヨーロッパ共同体は、高い農産物価格に対する補助金を廃止し、近代化に対する援助や余剰農産物をなくすための減反あるいは農村の景観の維持に対する援助に重点を移すことに着手する。

一九九〇年代に入ると、ヨーロッパに与えられたプライオリティーの影響に、グローバリゼーションの影響が加わる。「規制緩和」政策が、左翼の政府（一九九一～一九九三年のベレゴボワ政府）によっても、右翼の政府（一九九三～一九九五年のエドゥアール・バラデュール政府）によっても、同様に行われた。後者は、大規模な民営化計画を行う（一九八一～一九八二年の国有化の措置だけではなく、一九四四～一九四六年の国有化の措置も対象となる）。この結果、フランス資本主義は変化し、他の先進工業国に対して平凡となる。国家の力はもはや昔ほど見られなくなる。フランス電力EDFは国有企業にとどまるが、フランス・テレコムと同様、競争、とりわけヨーロッパの競争に対して開放される。さらにそれは国際化される。外国資本がフランスの企業に浸透し、さらに相互性もまた現実のものになる（ローヌ＝プーランは合衆国でローラーを買収し、アルカテル＝アルストムはヨーロッパでITTの活動を買収する）。問題は、今やヨーロッパへの開放が唯一の賭けではなくなったことである。いまや「グローバリゼーション」が主要な関心事となっている。

こういうわけで、ヨーロッパはフランス経済に国際的な開放の実験を行うことを可能にした空間である。開放は明白である。一九七二年にフランスのGDPの一二%を占めていた輸出は、一九九七年には二四%の割合に到達した。ヨーロッパ建設は、政治的指導者にフランス経済近代化についての彼らの願いを実現することを可能にした。それはまた伝統的に保護主義的でコルベール主義的な国において、左翼も含めて、経済的自由主義の思想と政策を進展させた。しかしこのような変化は社会的代価を伴っている。経済的に有効な自由主義的政策は、「二重社会」を作り出すという影響をもつ。それは一方に、社会的に耐えられる人々が、他方に、ますます数多くの排除された人々や失業者がいる社会である。その結果、不安や政治的苛立ちが生じ、それはジャン・マリー・ルペンやヨーロッパにおける同種の別の運動と同じく、反グローバリゼーション、反ヨーロッパ、外国人排斥の立場をとる一部のポピュリストの言説が成功する理由を説明する。ヨーロッパ共同体（一九九二年からは欧州連合と呼ばれる）は、経済近代化を助けた。より健全なバランスの方向で社会的近代化の道を見つけることが、共同体の課題として残されている。

## 注

（1）　フランス経済の歴史と「近代化」の問題に関する著作は多すぎてここに引用することは不可能である。以下の著作だけを掲げておこう。Fernand Braudel et Ernest Labrousse（dir.）, *Histoire économique et sociale de la France*, volume 4, Jean Bouvier et autres: *L'ère industrielle et la société d'aujourd'hui*, 2 tomes, Paris, PUF, 1979 et 1980; Francois Caron, *Histoire économique de la France XIX-XXe siècles*, Paris, Armand Colin, 1981; Sophie Chaveau, *L'économie de la France au XXe siècle*, Paris, SEDES, 2000.

（2）　Laurence Badel, *Le grand commerce français: un milieu libéral et européen*, Paris, Comite pour l'histoire économique et financière de la France, 2000.

（3）　Lorenzo Morselli, *Francis Delaisi et l'Europe*, mémoire de maîtrise sous la direction de Robert Frank, Université de Paris 1 Panthéon-Sorbonne, 2001.

（4）　Eric Boussière, Michel Dumoulin（dir.）, *Milieux économiques et intégration européenne en Europe occidentale au XXe siècle*, Artois Presse Université, 1998.

（5）　Gérard Bossuat, *L'Europe occidentale à l'heure américaine, le Plan Marshall et l'unité européenne*, 1944–1949, Paris, Bruxelles, Complexe, 1992; *La France, l'aide américaine et la construction européenne, 1945–1952,* Comité pour l'histoire économique et financière, 1997.

（6）　Robert Frank, 《Le dilemme français: la modernisation sous l'influence ou l'indépendance dans le décadence》, in René Girault et Robert Frank (dir.), *La puissance française en question! 1945–1949*, Paris, Publications de la Sorbonne, 1988, pp. 137–156; Robert Frank, 《The French Dilemma: Modernisation with Dependance ou Independance and Decline》, in Josef Becker, Franz Nipping (ed.), *Power in Europe? Great Britain, France, Italy and Germany in a Postwar World*, Berlin, New York, Walter de Gruyter, 1986, pp. 263–281.

(7) Claire Andrieu, *Le programme commun dans la résistance, des idées dans la guerre*, Paris, édition de l'Erudit, 1984.

(8) Antoine Prost et al. (dir.), *Les nationalisations de la Libération: de l'utopique au compromis*, Paris, Presse de la Fondation nationale des Sciences poliltiques, 1987.

(9) 「プラン」という言葉は曖昧である。モネ・プランは、経済計画のプログラムを意味し、生産と経済的均衡の問題を目標にする「プラン」である。これに対して、「マイエル・プラン」という表現における「プラン」の用語は、全く異質な意味を持っている。この場合には、財政金融の安定化政策が問題である。

(10) Michel Margairaz, 《Jean Monnet et la puissance française en 1948》, in René Girault et Robert Frank (dir.), *La puissance, op. cit.*

(11) Raymond Poidevin et Dirk Spierenburug, *Histoire de la Haute Autorité de la Communauté européenne du charbon et de l'acier: une expérience supranationale?* Bruxelles, Bruyant, 1993; Régine Perron, *Le marché du charbon, un enjeu entre l'Europe et les Etats-Unis de 1945 à 1958*, Paris, Publications de la Sorbonne, 1996.

（12） Françoise Berger, *La France, l'Allemagne et l'acier, 1932–1952*, Thèse de doctorat, sous la direction de René Girault et Robert Frank, Université de Paris 1 Panthéon-Sorbonne, 2000.

（13） Archives Michel Debré（Fondation nationale des Sciences politiques）, 2 DE 71, Entretien entre M. Heath et Premier ministre, 5 octobre 1960.

（14） Gilbert Noël, *France, Allemagne et l'Europe verte*, Berne, Peter Lang, 1995.

（15） 博士論文の中で、ジャック・マルセイユは、フランスの植民地帝国が、結局、フランス経済にとって、プラスよりもマイナスが大きかったことを示した。雇用主層の「近代化論者」は、明らかに一九五〇年代半ばにこのことを認識している。Jacques Marseille, *Empire colonial et capitalisme français: histoire d'un divorce*, Paris, Albin Michel, 1984.

（16） 数字は、Sophie Chauveau, *L'économie de la France au XXe siècle*, op. cit. による。

# 第4章　仏独和解とヨーロッパ建設

「仏独の奇跡」について語ることができるだろうか。過酷な戦争に巻き込まれ、永続的な敵対関係にあった二つの国は、一九五〇年以来ともにヨーロッパを建設し、互いに和解することを決意してきた。フランス人とドイツ人はいかにして、「父祖伝来の敵」という相互イメージから「主要で特別のパートナー」(1)というイメージに移行したのだろうか。絶え間なく敵対してきたこの二つの国民は、いかにして、半世紀以上を経てもなお時の流れに耐えているように見える「カップル」を形成するに至ったのだろうか。そこには、今日の世界中の人文科学専門家たちが研究する価値があるような、二つの国民間の「和解」のまさに範例がある。印パ紛争や戦争の記憶を巡る日中間の争いに対して、答えの要素を提供できるようなモデルをそこに見出すことが期待できるであろうか。

仏独の和解の原動力を理解するためには、最初に、「イメージ」の概念について考察し、二〇世紀を通じてフランスにおけるドイツ人イメージ、ドイツにおけるフランス人イメージの変化を跡づけることが重要である。次いで、これらのイメージを変化させる上で「上から」発した政治的主意主義が果たした役割を測定することが適当であろう。最後に、「下から」の受容を検討してみること、つまりフランスやドイツの社会が真の「カップル」の形成をどのように受容あるいは促進してきたのかを見るために、「深層の力」の側から考察することが必要であろう。仏独のカップルは強制された結婚なのか、理性による結婚なのか、それとも恋愛結婚なのか。

## 「他者」イメージの変遷

両国民の間の「憎しみ」は生来のものではない。それは時間の中で形成されたものであり、したがって歴史的産物であり、記憶の強力な媒体である。確かに、「隣人」同士の間には、「自然な」形での「不安」、「怖れ」、「不信」という感情はありえるが、激しい否定的感情への移行は、戦争、侵略、占領などの「行為」によって引き起こされたのである。憎しみが戦争の原因になることは稀であるが、それが戦争の結果もたらされることは確実である。クラウゼヴィッツの有名な言葉[2]、「戦争は他の手段による政治の継続である」にもあるように、戦争を始めるには感情は必要ないとしても、いったん戦争が始まれば、戦争は、世代を超えて永続する憎しみの感情の雰囲気を作り出し、父祖伝来の敵という記憶を創りだしてしまう。

おそらく最初は、フランス人とドイツ人の間には非対称な状況が存在していた。ドイツ人の目にフランス人が「父祖伝来の敵」と映ったのは、フランス人の目にドイツ人がそうなる以前のことであった。フランス人の敵は長らく「イギリス人」であり、イギリス人に対しては強迫観念があり、自分たちがドイツ人の土地に痛ましい心の傷を残したことにはお構いなしであった。一七世紀にルイ十四世によって行われた戦争における「パラティナの略奪」は、ドイツ人の記憶に重くのしかかっている。ナポレオンによるフランス軍の占領が、反作用として、ラインの向こう岸における国民的アイデンティティーの形成に貢献したことも忘れてはならない。この点で有名なのが、当時大きな反響をよんだ哲学者フィヒテの「ドイツ国民に告ぐ」である。(3) 集団のアイデンティティーは、しばしば他の集団に対抗して構築されるが、この観点から見ると、ドイツ人のアイデンティティーはその大部分がフランスに対抗して形成されたのに対して、フランス人のアイデンティティーはずっと以前にドーヴァー海峡の対岸の敵、百年戦争の際のイギリス軍による占領に対抗して形成されていた。フランスとドイツの間に相互性が定着し、対称性が確立するには、普仏戦争の勝利によって一八七一年にドイツが統一され、フランスの地において、ヴェルサイユ宮殿の鏡の間でドイツ帝国の設立が宣言されるのを待たなければならない。ドイツ人は以後フランスの敵になり、続く二つの戦争、二つの世界大戦が、ドイツをまさにフランスの

「父祖伝来の敵」として認めさせることになる。憎しみの割合も均等に配分され、記憶の影響を悪化させつつ屈辱感が累積されていく。フランスにとっての一八七一年と一九四〇年、ドイツにとっての一九一八年と一九四五年はこのようなものであった(4)。

一九二〇年代の間、確かにこの暴力の連鎖を止めようという試みは存在した。しかし第一次大戦直後には、それは生じていない。勝利ののち当初、フランス人はむしろ情け容赦がなかった。彼らは、ヴェルサイユ条約——それは復讐を明確にするために同じ鏡の間で調印された——が、敗者に「賠償金」を支払うことを強いるようにさせた。戦争で荒廃したフランスは、「ドイツ野郎が支払え」という原則のもと、ドイツ人に負担を負わせて自らの復興資金を出させることをあてにしていた。一九二三年には、賠償金支払い不足を認めたレイモン・ポアンカレは、ルール占領を実行して、敵あるいは旧敵に条約を遵守し、支払うべき金額を支払うよう強制している(5)。この姿勢は長くは続けることはできなかったために、根本的な変化が一九二四年から生じている(6)。エドアール・エリオ(7)の政府はドイツとの協調政策に端緒をつけ、そして一九二五年以来外務大臣のアリスティド・ブリアンがドイツ外務大臣のギュスターヴ・シュトレーゼマンと可能なかぎり最良の関係を結んでいる(8)。非常にしばしば言われていることとは反対に、仏独カップルはドゴールとアデナウアーが創始者ではない。ブリアン・シュトレーゼマンのコンビが、初めて二国間の緊張緩和、次いで協調を体現したのである。一九二五年と一九二九年の間にはフランスは同盟国のイギリスと以上にドイツとともに行動したということ、そしてこの仏独協調の状況のなかでブリアンが一九二九年から三〇年に彼のヨーロッパ連合構想を提案したことを知ることは大切である。(9)「仏独カップル」と「ヨーロッパ建設」の関係は、当時からすでに結ばれていたのである。

世界大恐慌、ヒトラーの出現、第二次世界大戦、フランスの敗北とドイツによるフランス占領は、この壊れやすい協調を忘れさせたかのようであった。一九四五年以後、フランス人は最終的に戦勝国陣営に入り、一九一八年後と同じ経過をたどるかに見えた。フランス人は最初、彼らの目に危険に映ったドイツのいかなる復活も阻止することを期待し、次いで前回と同様の間隔を置いて、一九五〇年には新しいドイツ国家、西ドイツとの協調政策を始めている。(10)この二つの戦後の比較から以下の事実が明らかとなる。(11)

それはフランス人がドイツについて抱いているイメージには、根本的に相反する二つの要素が共存していることを示している。この点については、「他者」の表象についていくつかの方法論的指摘をしておく必要がある。多くの研究者たち、(12)とりわけ歴史家のピエール・ラボリ[13]がわれわれに喚起しているのは、あらゆるイメージ、とりわけあらゆる他者イメージには相反する要素の共存が見られること、しかもこれは二つの別々なレヴェルで言えるということである。第一のレヴェルは、肯定的イメージと否定的イメージが、社会的想像界において同時に共存しているということである。たとえば、フランスにおけるドイツ嫌いとドイツ好きは同じステレオタイプの資本の中からイメージを汲み出している。「ドイツ人」イメージの資本はフランス国民にとっての共有財産であるだけに、少なくとも無意識的には、ドイツ好きの中にはドイツ嫌いの痕跡が、ドイツ嫌いの中にはドイツ好きの痕跡が常に存在している。それに、フランス人世論のドイツ嫌い熱が協調や和解の意志に移行するのも、世論がゲルマン人のイメージを構造的に修正したのでは全くなく、世論は、同じ表象を使い続け、ただその正負をひっくり返すだけで十分であったからである[14]。フランス人は完全に否定的なイメージから完全に肯定的なイメージに移ったわけではない。彼らは、振り返って別の顔を見せる、二つの頭をもつローマの神、ヤヌスの像のような、ほぼ永続的な同じイメージを逆転させている。ドイツに対する世論の転回やメンタリティーの変化というよりも、政治的状況の変化に影響された記号の逆転が問題となる。フランスのより良い安全保障と繁栄のためのドイツ人の有用性という集合意識が出現する。実際――これが第二のレヴェルだが――、他者に対しては自己のかなりの投影があり、他者はしばしば、自身について期待することあるいは恐れることに応じて道具化されている。農村的で伝統的なフランスのイメージに対する工業的で躍動的なドイツのイメージは、フランス人が自らにはもはや欲していないイメージである。この点から見れば、一九四〇年の対独戦敗北の屈辱感、つまり「一九四〇年シンドローム」故に、フランス人はアイデンティティーを変えることを欲している。ドイツとともに歩むということは、この方向でフランス人の助けとなりうる。アイデンティティーの源である「自己イメージ」が、これらの「外国人観の型」を育むのである。かくして二〇世紀半ばのフランスにおけるドイツ人のイメージは、憎しみと魅力の産物――第一の相反する要素の共存――であると同時に、自己と他者の間のミラー効果――第二の相反する要素の共存――である。ここでは、この場合、父祖伝来の敵対と平和と近代化の切迫した要請とが天秤にかけられている。したがって、ピエール・ラボリが強調したもう一つの力学についても語る必要がある。すべての表象は、同時代人が生きる三重の時間性に応じた時間の中への自己の投影である。他者のイメージは過去の遺産に依存し、現在の争点を考慮に入れるが、しばしば忘れられすぎていることは、未来の展望に応じてイメージが互いにつながりあっているということである。

五〇年代には、フランスにおけるドイツのイメージは過去を構造化する父祖伝来の憎しみの産物だけではなく、より良い未来を保証する和解に対する強い欲求でもある。あのようなトラウマの後、未来の力が過去の重みにまさる。比較的安定しているとはいえ、「他者」のイメージは不動ではなく、事件やイメージを変える意志を持った政治家の行動に影響されて変化する。

## 協調から和解へ――政治的意思と政治的主意主義

この変化と近代化の強い欲求がフランスにおいては、多くの指導的サークル、経済界――これについては後述する――政界そして上級官僚の世界を動かしている。これらの世界が交差する位置にいたジャン・モネ(15)が仏独カップルを創出する上での重要なイニシアティブをとる。モネは外務大臣ロベール・シューマンに一つのプランを提案するが、それは一九五〇年五月九日に記者団に発表された時には後者の名を冠することになる。目的はドイツとともに石炭と鉄鋼のための共同体を形成することであり、それには他のヨーロッパ諸国も加わることができるというものであった。政治的成功はすぐにやって来る。四つの他の国々、イタリアとベネルクス三国がこのグループに加入することを決意し、ヨーロッパ石炭鉄鋼共同体（ＥＣＳＣ）条約が一九五一年四月に調印される。(16) 六カ国の欧州が誕生する。一挙に仏独カップルがヨーロッパ共同体の歴史の第一幕に影響力を持つことになった。この過程で根本的な役割を果たした状況は、一九四五年と一九四九年の間に試みられた仏英ヨーロッパの失敗である。そこにはまさに、一種のコペルニクス革命に基づくジャン・モネの主要な思想があった。フランス人は友人たちとヨーロッパを作ることができないがゆえに、かつての敵たちと建設することを試みるというのである。かくして史上二番目の仏独カップル、シューマン・アデナウアーのカップルが確立する。

すぐに両国は、お互いに利益を見出すことになる。西独は、ナチスの敗北からまもない時期に、真の国際的認知とヨーロッパにおける役割を、さらに自らの鉄鋼の市場を獲得している。イギリスの躊躇は結局フランスに好都合で、フランスは大陸にとどまったままの共同体の中でリーダーシップをたやすく確立することに成功した。シューマン・プランに引き続いて、ヨーロッパ軍についてのプレヴァン・プランが提案され、一九五二年五月には同じ六カ国によってヨーロッパ防衛共同体（ＥＤＣ）の調印にこぎつける。歴史の逆説は良く知られている。フランスは自らが提案したこの計画を失敗させる。というのもフランスは欧州防衛共同体条約の批准を一九五四年八月三〇日に最終的に拒否したからである。一九五〇年から一九五四年にかけては広範に議論が展開された。政治勢力や世論はこの問題をめぐって二分されている。ドゴール派と共産党は激しい「反ＥＤＣ派」、逆にキリスト教民主主義者たちは「ＥＤＣ派」で、その他の党派（社会党、急進党、独立保守穏健派）は分裂していた。[17]論争の当初、多くの人々を恐れさせたのはドイツ再軍備の問題であった。フランスにおけるドイツのイメージの変化は、石炭と鉄鋼のようなどちらかといえば技術的な共同体をドイツと作ることを受容するには十分だったとしても、フランス人の想像界はドイツの兵士たちと防衛共同体を創設することに同意するほどまでには深く変容はしていなかったのである。ドイツ国防軍による占領の記憶は、生々しかったし、この計画は傷ついた祖国のアイデンティティーに触れすぎていたのである。一九五五年の「ヨーロッパの再発進」は、経済によるヨーロッパ建設に戻ることになる。交渉の中で、仏独カップルは、作り直され、とりわけ一九五六〜一九五七年には、ギー・モレとコンラット・アデナウアーのカップルが形成される。[18]ユーラトムとＥＥＣ（あるいは共同市場）を創設する、一九五七年三月二五日に調印されたローマ条約は、両国の利害の微妙な均衡である。

ド・ゴール将軍が一九五八年に権力の座に復帰した時、ＥＣＳＣにもＥＤＣにも反対していたその彼が、ローマ条約を遵守することを受け入れたことは驚きであった。その上、彼は仏独間の関係の深化に乗り出す。ド・ゴールが仏独カップルを創造したというのは誤り——少なくとも彼以前に三つのカップルがあった——だとしても、逆に彼が仏独カップルに特別な広がりを与えたことは認めなければならない。彼以前のカップルが「両国間の協調」と協力を可能にしたとすれば、ド・ゴール将軍はさらなる前進を成功させたのである。それは二つの国民の「和解」であり、確かに「協調」以上のことを成功させたのである。政治的協調は何よりも指導者たち、厳格にはエリートにかかわっている。ド・ゴール将軍はしばしば宰相アデナウアーを迎えたし、アデナウアーはフランスの国家元首に敬意を表している。国民間の和解はこれ以上のことを要求する。すなわち、できるだけ多くの人々の意識に達するようなメッセージを伴った、劇的で象徴的な行為によって追求され、獲得されるべき民衆の同意である。この点については、二つのエピソードが注目に値する。一九六二年七月のフランスへのドイツ宰相の訪問の際、彼はド・ゴール将軍とともにランスの大聖堂のミサに列席している。それは一九一四〜一九一八年の戦闘の間に部分的に破壊されて第一次大戦におけるフランスの廃虚の象徴となった場所である。同じ年の九月にド・ゴールはドイツに一大巡回ツアーに赴き、しばしば群衆の前の演説をドイツ語の言葉でしめくくっている。ボンでは、彼の演説から発する言葉は、直接聴衆の心に達している。というのも、彼は思うままに偉大な歴史を呼び起こした後で、ドイツ国民は「偉大な国民」であったと述べたのである。一九四五年以来、ナチズムの崩壊以来、死の収容所の発見がドイツ人の良心を揺さぶり、彼らに多かれ少なかれうっ屈した恥辱の感を引き起こして以来、誰もこの表現を敢えて使うことはなかった。かく話したのが、ドイツ占領に対するフランス人のレジスタンスを体現し、そのことが発言の正統性や権威を高めることになった人物、ド・ゴール将軍であった。この言葉は大きな感動を引き起こし、割れるような拍手喝采を招いている。(19)歴史のページをめくり、ドイツ人を彼ら自身と和解させることで、ド・ゴールは彼らとフランス人の間の和解を容易にしたのである。確かに、この仏独カップルに公式の側面を与える一九六三年一月のエリゼー条約は多くの政治的期待を裏切っている。(20)フーシェ・プランの失敗のせいで、単なる仏独相互協力は、もともとド・ゴール将軍が望んだヨーロッパ多国間政治協力のもろい代用品であるかのようであった。他方ドイツ連邦議会は、西ドイツの大西洋同盟への愛着を宣言する前文を議決し、この前文はド・ゴールがアメリカに対抗して主張したがっていたヨーロッパ・アイデンティティーを著しく弱めることになった。あげくに、ド・ゴールはアデナウアーの後任で、さらに大西洋主義者の宰相エアハルトとは仲が悪かった。

アデナウアーとド・ゴールが構築したのちも、ほかにも仏独カップルは形成されている。しかし仏独和解を再活性化する、もう一つの強力な象徴的行為を見るには、一九八四年を待たなければならなかった。宰相ヘルムート・コールと大統領フランソワ・ミッテランが手に手をとって、一九一六年の血みどろの戦闘の場所ヴェルダンで、両軍合わせて数十万の戦死者を偲んだ記念式典に出席している。戦争の記憶は、一定の時間の間隔を置いて、平和の精神のもとで精神的一体感の手段となったのである。シンボルや言葉の力は、しばしば、いかなる外交的行為より強力である。

外交的行為を無視すべきということではない。ド・ゴール＝アデナウアーとミッテラン＝コールの間に位置したカップルも同様にヨーロッパ建設の力学に貢献している。ポンピドーとブラントは、お互いほとんど評価していなかったとはいえ、一九六三年とド・ゴールの辞任との間にド・ゴールによって引き起こされた危機の後で、一九六九年にヨーロッパを再出発させている(21)。とりわけ、フランスはもはやイギリスの加盟に反対しなくなった。イギリス加盟後も、仏独カップルが統合の推進力であり続けている。ジスカールデスタンとシュミットは新たな重要なヨーロッパ組織であるヨーロッパ理事会を創設させ、欧州議会の最初の直接普通選挙を可能にし、一九七九年には欧州通貨制度を導入している。ミッテランとコールは一九八六年に単一議定書を、次いで一九九二年にはマーストリヒト条約を後押ししている。イギリスは、いくつかの失敗した試みはあったとはいえ、仏独カップルの働きの中に居場所を見出すことは困難であった。このカップル成功の条件には次のようなものがあった。ドイツの経済力とフランスの政治的軍事的影響力の間に一定の均衡と相互補完性があり、これはフランスが核兵器を保有して以来とくに明らかとなる。またヨーロッパについてのある種の共通思想、つまり単なる自由貿易地域には還元されないヨーロッパ、むしろ政治的野心をもつヨーロッパという思想が見られる。確かに意見の相違は存在している。ドイツ人はより大西洋志向で、フランスはドイツよりもアメリカを警戒している。西ドイツの指導者たちは、超国家性の方向を含めて、制度変革を急ぎたがっていたが、ド・ゴール以来のフランスは政府間協力に重点を置いている。この観点からすれば、マーストリヒト条約は、二つの方法の間の均衡を実現している。両国の通貨観は対照的であり、そのことが七〇年代における経済・通貨統合を困難あるいは不可能にさえしている（ウェルナー・プラン、次いで通貨スネークの失敗が示している）。実際、フランスは当時「マネタリスト」[22]と呼ばれる立場を守っている。それは経済的収斂以前に通貨の同盟と連帯を欲している。逆に西ドイツはいわゆる「エコノミスト」の立場を支持し、前提として経済政策の調和を優先し、通貨同盟はその後にプロセスの完成段階に出現すべきであると考える。この通貨同盟の出現が早すぎるとしたら、ドイツ人はそこから生じる連帯ゆえに、インフレや財政赤字に関するフランスの放任主義のつけを払わなければならないことを恐れる。時間の経過とともに、この問題の長期の共同管理が両者の立場を近づけることになる。七〇年代には不可能だったことがその後可能になる。この過程で二つの重要な転換点がある。一九七八年にヘルムート・シュミットが、一九七三年に創設されたヨーロッパ通貨協力基金がヨーロッパ共同体の通貨を連帯して防衛するのに十分な予算を持つことを受け入れ、欧州通貨制度の設立を容易にしている。一九八三年にはフランソワ・ミッテランのフランスが経済的独自政策を放棄し、他の加盟国の財政・金融政策に倣っている。ドイツはもはやフランスの「失態」を「ラインの金」で支払う危険を冒すことはなくなった。かくして「収斂基準」の概念、したがって、マーストリヒト条約が奨励し、成功した経済通貨同盟への道が開かれたのである[23]。

しかしながら、すべては指導者レヴェルでの仏独カップルの間の単なる均衡に帰せられるのだろうか。重要なのは指導者たちの意志だけなのだろうか。両国が形成したカップルは単に政治的主意主義の産物なのだろうか。それとも二つの社会のレヴェルにも存在しているのだろうか。

## 仏独カップル——社会の問題か?

残念ながら、両国の社会の間の関係、フランスとドイツの間の「社会間」関係を考慮した包括的な研究は存在していない。確かに、ハルトムート・ケルブレの見事な研究、とりわけフランス語に訳された『ひとつのヨーロッパへの道』[24]がある。この研究が描き分析しているのは、北アメリカ社会のような他の工業化あるいはポスト工業化社会に比べた特殊性を形成している、ヨーロッパの国々の間に存在する社会的収斂である。すなわち、比較的遅い結婚年齢、より明確な労働者の伝統や労働者文化、福祉国家の力、六〇年代以来再開発され、歴史的旧市街を持つ、アメリカのそれとは少々異なった都市文明等々である。しかしながらそれらは、世界の他の比較可能な発達した地域に対して、ヨーロッパの特徴を表すものであり、とくにフランスとドイツを他のヨーロッパ諸国から特徴づけるものではない。この点に立ち止まるならば、なぜこれらの収斂が仏伊、独英あるいはベルギー・

デンマークのカップルを形成しなかったのかを考えなくてはならない。かくしてヨーロッパ社会の内側に形成された社会的収斂の側からよりも、フランスとドイツの社会集団間の関係の側から考察する必要が生じてくる。いくつか例を挙げてみよう。

フランソワーズ・ベルジェは、きわめて興味深い博士論文の中で両国の鉄鋼業界の間の関係を研究している。(25) 両者の関係は早くから見られた。それはまず、第一次大戦の直後には良好ではなかった。というのもフランス人は、勝利を利用してこの産業におけるドイツの競争力を解体することを期待したからである。ブリアン・シュトレーゼマン時代は、ドイツ、フランス、リュクセンブルクそしてベルギーの鉄鋼業者たちを含めた、一九二六年の第一次国際鋼カルテルの調印によって、両者の協調を容易にした。次いでイギリスの鉄鋼業者を含めた第二次カルテルが一九三二年に創設された。しかしながら、すでに推進力の役割を果たす仏独カップルが形成されている。両国の業界は、互いによく知っており、互いの言語を話している。家族同士の結婚もあった。ドイツ軍の占領に際しては、ラインの向こう岸の鉄鋼業者にとってはフランスの鉄鋼業を吸収する誘惑は強かった。実際、ナチの政治権力はフランス鉄鋼業に対して非常に苛酷で、ドイツの産業家がむしろしばしば保護者の役割を果たさねばならなかった。彼らはフランスのユダヤ人鉄鋼業界における解体や逮捕を阻止さえしている。したがって、戦争が終わると両国の業界の再会はかなり急速に進み、石炭と鉄鋼についてのヨーロッパカルテルを創設する計画が急いで作り上げられていった。彼らの多くは、ポール・ヴァン・ゼーランドが指導する「ヨーロッパ経済協力同盟」の中に再び見出される。ＥＣＳＣは彼らの願いを満たすはずであるが、注目すべきことに、両国の業界は当初、一九二六年以来準備されてきた出来事を前にした満足感とジャン・モネが表明する反カルテル的政策を前にした不信感が入り混じった曖昧な態度を示した。結局、ＥＣＳＣにおいて彼らは共同して重要な役割を果たすことになる。七〇年代と八〇年代のヨーロッパ鉄鋼業の危機までは、両国の業界は、両国の深層における社会関係の最良の例を形成しており、仏独カップルが国家間の関係だけにかかわるのではなく、長年の社会間の関係にもかかわっていることを示している。

第二の例は、旧軍人あるいは旧戦争捕虜あるいは「労働移送者」の中にとることができる。二つの世界大戦それぞれの直後、ラインの両岸の兵士たちの間でまさっていたのは、憎しみである。ついで、時間とともに、既述の相反する感情の共存が戻ってくる。魅惑が憎しみにまさり、よりよき未来の欲求が過去の重みにまさってくる。仏独の旧軍人たちの出会いは、一九二〇年代の末から証言されている(26)。同じシナリオが第二次世界大戦後にも繰り返されている。恐怖の時ののちに、戦争を祓うための出会いの時が来る。フランソワ・コシェとボリー・サワラの研究[27]は、元戦争捕虜たち、あるいはヴィシーが創設した強制労働奉仕（ＳＴＯ）でドイツの工場に連行された元労働者たちが、どのように、五〇年代から妻や子供たちとかつての強制滞在の場所に観光客として訪れ始めるかを示している。暗黒時代に知りあった人々との再会シーンが展開される。一つの感情（個人的記憶の場所を再び見たいという欲求）がもう一つの感情（かつての敵に再会することに対する嫌悪や不安）にまさるためには一定の時間の間隔が必要であった。まさにＥＤＣ条約が調印された時には、移送者や戦争捕虜の協会は敵対的か（共産党が支配するＦＮＤＩＲＰ）あるいは警戒していた。条約が否決された時は、逆に、一九五五年頃になるとドイツ旅行や、両国の小都市間で姉妹都市提携が増大しており、しかもこの提携にあたっては元戦争捕虜や元労働移送者たちが積極的な役割を果たしていた。

知識人たちもまた国民同士の和解にかかわっている。ヨーロッパをめぐる議論の中で、フランスの知識人たちは、二〇年代に比べれば、五〇年代、六〇年代にははるかに存在感が薄いことは知られている。サルトルは、ヴァレリー、ジュール・ロマンあるいはジュリアン・バンダがそうであったような、「ヨーロッパ主義者」ではない[28]。しかしながら、当時はそれほど名高くもなかった知識人が非常に早くから和解の道を開いている。とりわけ、一九四五年以来フランス語とドイツ語で編集されている雑誌、Documents / Dokumenteがあった[29]。登場する名前の中には、元移送者のジョゼフ・ロヴァンやアルフレッド・グロセールのようなのちによく知られるようになる人々がいた。七〇年代からは、より専門性のある、新しい世代の知識人たちが、自分たちの専門分野（とりわけ政治学や社会学）を足場に、ラインの両岸で関係を結ぶようになっていく。アラン・トゥーレーヌ、ピエール・ブルデューなどである。多くのドイツの作家（とりわけベル）が、「公共空間」や「立憲的愛国主義」についての思想がフランス思想界に影響を与えているハーバーマスのような知識人と同様に、フランスで知られるようになった。同様な事柄を、たとえばイギリスの知識人については言うことはできないだろう。フランス思想とドイツ思想の相互浸透は、今日では国民概念についての両者の立場に、一種の部分的な逆転が見られるほどになっている。一九世紀の末にはシュトラウスとモムゼンが、民族、言語そして文化に基づいた、国民についてのむしろ固定的、文化的な見方をしていた。エルネスト・ルナンはむしろ進化的、市民的概念を持っていた（有名な「日々の国民投票」は、同意と政治的意思に基づいた国民概念を規定している）。二〇世紀の終わりから二一世紀の初めにかけて、ハーバーマスは、むしろルナンに近く、国民の未来の進化に向かった見方をしているのに対して、ジャンピエール・シュヴェヌマン[30]は、ルナンの思想にもちろん同意しながらも、過去からひきだされた価値観の遺産に基づいた国民観しか考慮していない[31]。

最後に、仏独両国間の学校、大学同士の交流についても入念な研究が必要であろう。このタイプの関係が成功していることについては、あらかじめ予想できるし、またいくつかの手がかりもある。ドイツでのフランス語教育、フランスでのドイツ語教育が減少するなど、言語教育状況は芳しくないものの、ライン両岸の中学、高校同士の交流は年々増大している。あらゆる証言が示すように、これらの交流は、ドーヴァー海峡の両岸よりもうまくいっている。高等教育教員の交流や留学生の滞在費援助の給費などを定めた一九六三年の条約は、多くの点から見ても成功であった。

さらに、労働組合同士の関係も比較的重要である。CGT（労働総同盟）もCFDT（フランス民主労働同盟）もドイツの労働組合センターとはこのタイプのきずなを結んではいない。もっとも密接な関係は、DGB（ドイツ労働組合連合）とFO（労働者の力派）の間のものである。というもの、これらふたつの組合連合は反共主義的立場で一致していたからである。この結びつきは一九七三年にCES（ヨーロッパ労働組合連合）の形成に役立っている。[32]

より最近では両国の軍人間の関係がある。七〇年代、八〇年代以来、防衛分野でのフランスと西ドイツの協力は確立している。第四共和制（一九五七年のシャバンデルマスとシュトラウスの協定）次いでドゴールの下で試みられたことは、ずっと後年になってやっと成功している。[33] ソ連との関係が新たに冷却化した時期、「第二の冷戦」の時には共同軍事演習が組織されている。この関係はミッテランとコールによる「仏独旅団」の創設によって公式化されている。この末端の兵士同士の関係は、一九五四年のＥＤＣ失敗の原因となった一九四〇〜一九四四年の暗い時代の記憶ゆえに、長らく不可能と思われてきた連帯を明らかに強化している。軍事的レヴェルでは、当時まで、そして今日もなお、スエズ動乱から湾岸戦争に至るまで、カップルといえば専ら仏英関係なのだが、今や、この分野においても仏独カップルは機能している。今後は、ドイツ、イギリス、フランスが形成する軍事トリオが、ヨーロッパ軍事協力において重要となる。

## おわりに

仏独カップルの成功が、部分的には、両国の社会的関係の密接さに起因することは間違いない。とはいえそれがヨーロッパ建設における両国の相対的成功をすべて説明するわけではない。ヨーロッパ建設の力学を理解するためには、社会の最深部における仏独の国民間の和解が必要であると言うことはできよう。

しかしそれだけでは十分ではない。政治的意思もまた不可欠な要素である。両国の間で協調と和解がなされるためには、ブリアンとシュトレーゼマンのもと、シューマンとアデナウアーのもと、ドゴールとやはりアデナウアーのもと、ミッテランとコールのもと、適量の政治的主意主義が必要だったのである。この主意主義はまた、かくして形成された「カップル」がヨーロッパ建設の推進力となるためにも必要であった。これらの決定的な政治的推進力なくしては両国の社会も、必要な歩みをすることができなかったであろう。逆に言えば、両国の社会の受容性がなければ、政治的イニシアティブは束の間のものに終わっていたであろう。人心がそれを受容するほどに熟していなかった時に、早すぎたEDC計画に起きたことは、まさにこれである。政治家たちが両国の「強制結婚」をさせることは不可能であるという所以である。それでは「恋愛結婚」はどうだろうか？　過去の悪い記憶が残っている限り、こちらも真に可能とはいえない。是非とも必要となったのは

「理性による結婚」であり、二つの国家と二つの国民を結びつけ、時間の継続の中で定着することをめざす理性による結婚であった。

おそらくそこに歴史的教訓がある。世界の大きな地域が統一や統合を成功させるためには、その地域のかつての敵同士が深く和解し合う必要がある。未来を建設するためには、確かに過去を鎮めなければならない。

注

（1）Marie-Thérèse Bitsch (dir.), *Le couple France-Allemagne et les institutions européennes, une postérité pour le Plan Schuman*, Bruxelles, Bruyant, 2001.

（2）Karl von Clausewitz, *De la guerre*, dernière édition française, Paris, Editions de Minuit, 2001（馬込健之助訳『戦争論』岩波文庫）

（3）Johann Gottlieb Fichte, *Discours à la nation allemande*（édition française）, Paris, Imprimerie nationale, 1992（大津康訳『ドイツ国民に告ぐ』岩波文庫）

（4）Michael Howard, *War and the Nation State*, London, Clarendon Press, 1978; Michael Howard, *La guerre dans l'histoire de l'Occident*, Paris, Fayard, 1990.

（5）Jacques Bariéty, *Les relations franco-allemandes après la première guerre mondiale, 1918-1925*, Paris, Pedone, 1975.

(6) Stephen Schuker, *The End of French Predominance in Europe, the Financial Crisis of 1924 and the adaptation of the Dawes Plan*, University of North Carolina Press, 1978.

(7) Serge Berstein, *Edouard Herriot ou la République en personne*, Paris, Presse de la Fondation nastionale des Sciences politiques, 1985.

(8) René Girault et Robert Frank, *Turbulente Europe et nouveaux mondes, 1914–1941*, Paris, Masson, 2e édition, 1998.

(9) Antoine Fleury (dir.), *Le Plan Briand d'union fédérale européenne: perspectives nationales et transnationales avec documents*, Berne, Peter Lang, 1998.

(10) René Girault, Robert Frank, Jacques Thobie, *La loi des géants, 1941–1964*, Paris, Masson, 1993.

(11) Robert Frank, 《L'Occupation allemande dans l'imaginaire français, d'une guerre à l'autre》, *Relations Internationales*, n° 80, automne 1994.

(12) Andris Barblan, *L'image de l'Anglais en France pendant les querelles coloniales, 1882–1904*, Berne, 1974; Andris Barblan, 《A la recherche de soi-meme, la France et Fachoda》, *Relations Internationales*, n° 2, novembre 1974; Marlis Steinert, 《L'evolution des images nationales en Allemagne pendant la deuxième guerre mondiale》, *Relations Internationales*, n° 2, novembre 1974.

(13) Pierre Laborie, *L'opinion francaise sous Vichy*, Paris, Le Seuil, 1990 (et nouvelle édition: Points Histoire, Le Seuil, 2001).

(14) 以下を参照。Robert Frank (dir.), 《Images et imaginaire dans les relations internationals depuis 1938》, avec la collaboration de Maryvonne Le Puloch, *Cahiers de l'IHTP*, n° 28, juin 1994;

Robert Frank, 《Mentalitäten, Vorstellungen und internationale Beziehungen》, in Wilfried Loth, Jurgen Osterhammel (Hrsg.), *Internationale Geschite. Themen-Ergebnisse-Aussichten*, München, R. Oldenbpurg, Verlag, 2000, pp. 159-185.

(15) Eric Roussel, *Jean Monnet, 1888-1979*, Paris, Fayard, 1996; Gérard Bossuat, Andreas Wilkens (dir.), *Jean Monnet, l'Europe et les chemins de la paix*. Actes du colloque de Paris (mai 1997), Paris, Publications de la Sorbonne, 1999.

(16) Raymond Poidevin et Dirk Spierenbourg, *Histoire de la Haute Autorite de la Communaute européenne du Charbon et de l'acier: une experience supranationale*? Bruxelles, Bruyant, 1993; Régine Perron, *Le marché du charbon, un enjeu entre l'Europe et les Etats-Unis de 1945 à 1958*, Paris, Publications de la Sorbonne, 1996.

(17) Marie-Thérèse Bitsch, *Histoire de la construction européenne de 1945 à nos jours*, Bruxelles, ed. Complexe, 1996, 2e edition 1999 参照。

(18) Gérard Bossuat, *Les fondateurs de l'Europe*, Paris, Belin, 1994, 2e édition, 2001 参照。

(19) Aurelien Kruse, *Les voyages officiels de Konrad Adenauer en France et de Charles de Gaulle en République fédérale, en juillet et septembre 1962, au miroir de deux grands hebdomadaires ouest-allemands*, mémoire de maîtrise sous la direction de Robert Frank, Université de Paris 1 Panthéon-Sorbonne, 1997 参照。

(20) すでに古典となった Georges-Henri Stout, *L'alliance incertaine, les rapports politico-stratégique franco-allemands, 1954-1996*, Paris Fayard. 1996 参照。

(21)　*Georges Pompidou et l'Europe*, colloque（organize par l'Association Georges Pompidou）, 25-26 novembre 1993, Editions Complexe, 1995, pp. 339-369.

(22)　このマネタリズムは、明らかにミルトン・フリードマンや「シカゴ学派」のそれとは無関係である。

(23)　Robert Frank,《Francais et Allemands face aux enjeux institutionela de l'union monetaire: du plan Werner à l'euro（1970-2000）》, in Marie-Thérèse Bitsche（dir.）, *Le couple France-Allemagne et les institutions européennes, une postérité pour le Plan Schuman*, Bruxelles, Bruyant, 2001, pp. 537-558.

(24)　Hartmut Kaelble, *Vers une société européenne*, Paris, Belin, 1988（雨宮昭彦・金子邦子・永岑三千輝・古内博行訳『ひとつのヨーロッパへの道』日本経済評論社、一九九七年）.

(25)　Francoise Berger, *La France, l'Allemagne et l'acier, 1932-1952*, Thèse de doctorat, sous la direction de Rene Girault et Robert Frank, Université de Paris I Panthéon-Sorbonne, 2000.

(26)　F. L'Huillier, *Dialogues franco-allemandes, 1925-1933*, Paris, Ophrys, 1971; 以下も参照。*Entre Locarno et Vichy: les relations culturelles franco-allemandes dans les années trente*（sous la direction de Hans-Manfred Bock, Reinhart Meyer-Kalkus, Michel Trebitsch）, Paris, CNRS éditions, 1993.

(27)　Francois Cochet, *Les exclus de la victoire: histoire des prisonniers de guerre, deportés et STO 1945-1985*, Paris, Kronos, SPM, 1992; Bories Sawala, *Franzozen in《Reichseinsatz》. Deportation, Zwangsarbeit, Altag: Erfuhrung und Erinnerungen von Kriegsgefangener und Zivilarbeiter*, 3 volumes, Frankfurt-am-Main, P. Lang, 1996. 二人の以下の書への寄稿も参照。*Le rôle des guerre dans la mémoire des Européens*, sous la direction d'Antoine Fleury et Robert Frank, Berne, Euroclio, Peter Lnag, 1997.

(28) Robert Frank, 《Les contretemps de l'aventure européenne》, *XXe siècle. Revue d'Histoire*, n°. 60 sur "Les engagements du 20e siècle", octobre-décembre 1998, pp. 82-101; Robert Frank, "Raymond Aron, Edgar Morin et les autres: le combat intellectuel pour l'Europe est-il possible après 1950?", in *Les intellectuels et l'Europe de 1945 à nos jours* (sous la direction d'Andrée Bachoud, Josefina Cuesta, Michel Trebitsch), Paris, Publication universitaires, Denis Diderot, 2000, pp. 77-89.

(29) Raïssa Mézières, *L'idée d'Europe dans* Documents, *revue des questions allemandes, 1945-1963*, mémoire de maîtrise sous la direction de Robert Frank, Université de Paris I Panthéon-Sorbonne 1997.

(30) ルモンド紙が企画したシュヴェヌマンとジョシカ・フィッシャーの討論を参照。*Le Monde*, 21 juin 2000.

(31) Robert Frank, 《La France de 2002 est-elle eurofrileuse?》, *Revue politique et parlementaire*, no. 1017-1018, numéro intitulé 《France 2002: mutations ou ruptures?》, mars-avril 2002, pp. 190-199.

(32) Marc Dusautoy, 《Le syndicalisme francais et la convergence syndicale européenne dans les années 70》, in *Dynamiques europeennes: nouvel espace et nouveaux acteurs* (*1968-1981*), sous la direction d'Elisabeth du Réau et Robert Frank, Paris, Publications de la Sorbonne, 2002.

（33）　Georges-Henri Soutou, *op. cit.*

〔訳者注〕このテキストの翻訳は、剣持久木氏との共訳ですでに発表されている（『名城論叢』第三巻第二号、二〇〇二年九月）が、本書への転載にあたり私の責任で、一部変更した箇所がある。

# 第5章　ヨーロッパ建設における英仏独トリアーデ

イギリス、フランス、ドイツの三国は第二次大戦以前には大国であり、戦争の場合であれ、平和の場合であれ、その影響力は国際関係の調整において基本的であった。(1) しかし一九四五年以後、これらの国はもはやこの地位を保持してはおらず、世界の問題の指導においては、アメリカ合衆国とソ連という二つの超大国が地位を占めるのを放置してきた。植民地放棄は、イギリス人とフランス人に対して、地球上における影響力の喪失を立証するに至る。一九九一年のソ連の崩壊は、三国の役割が到底無視できるものではないとしても、(2) 彼らに昔の立場を与えてはいない。

しかしこれらの強国は弱体化し、中流国の地位に格下げされたとはいっても、依然としてヨーロッパの大国である。フランスとドイツ連邦共和国の影響は、ヨーロッパの建設において基本的であったし、今もそうである。また一九七二〜一九七三年のEC（ヨーロッパ共同体）加盟以来、イギリスに反対してあるいはイギリスなしに、どんな重要なことも行うことは出来ない。確かに、原則的には、イタリアやスペインもヨーロッパの「大国」の中に分類すべきであろう。彼らは仏独英三国と対等に、欧州委員会において二名の委員を占めているのだから、このように認められているのに対して、残る一〇カ国は各一名の委員しか占めていない。彼らはまた欧州議会でも同数の議席を占めている（少なくとも二〇〇〇年のニース首脳会議まではそうであったが、この会議の間に、人口が多いという理由で、ドイツは他の四カ国を上回る議席数を獲得した）。それでもパリ、ボン次いでベルリン、さらにロンドンの政治的重みは、ローマやマドリードに比べて、より重要であったし、今でもそうである。

ヨーロッパにおけるこれら三国の重要性は、ヨーロッパ問題の指導において本当の「トリアーデ」、すなわちECないしEUの他の加盟国に意思を押しつけることが出来る三国の緊密な一体性が存在するという考えを正当化するに十分であろうか。この疑問に答えるためには、まず、ヨーロッパ建設以前、さらにイギリスの共同市場への加盟以前のこれら三国の関係――この関係はすでにヨーロッパの運命にとって全く基本的であった――の働きを理解することが望ましい。次に、EC加盟以後、イギリスが独仏のカップルに干渉し、他の二つのパートナー国と一緒にトリアーデを形成することに成功したかどうか、自問自答すべきである。最後に、現状について、さらに九〇年代以来始まっているように見える新しい均衡について評価を行おう。「ヨーロッパの均衡」の追求という問題が、長い間、ヨーロッパにおいて脅迫観念であったことを考えれば、「均衡」という言い方は、適当な基本的な言葉である。

## 不可能なトリアーデ（一八七一〜一九七二年）

数年来、国際関係史家たちは、「ヨーロッパ秩序」(3) という問題に関心を持っている。あたかも一六四八年のウェストファリア条約以来、戦争回避のためにヨーロッパ人が一貫して「ヨーロッパの均衡」を追求していたかのように、すべてが行われている。この均衡は、最強の大国に対抗する同盟によって獲得されえた。イギリスは覇権の野望を抱く大陸の最強国（ルイ一四世とナポレオンのフランス、ウィルヘルム二世のドイツ）に反対する国家を支援することによって、力の均衡という概念を真のドクトリンにさえしていた。また均衡は、「ヨーロッパ協調」という協議を通じても追求されえた。周知のように、正確に言えば不均衡こそしばしば現実であり、戦争が頻発していたのだから、この均衡は明らかに必ずしも成功したわけではなかった。しかし重大な紛争の後には、いつも新しい「ヨーロッパ秩序」が再び追求された。一八七一年、フランス敗北の後ドイツが統一されたことは、基本的な事件である。なぜならば、それはヨーロッパの舞台の前部に新しい強大国を映し出したからである。とはいえ、一八七一年から一八九〇年の間、ビスマルクがフランスに対抗して、イギリスの参加しないヨーロッパ秩序を追求したことに注目すべきである。したがってこの頃は、英仏独のトリアーデの余地は存在しない。皇帝ウィルヘルム二世の新しい世界政策と三国同盟（ドイツ、オーストリア＝ハンガリー、イタリア）を前に、英仏のカップルが結成されるのは、ビスマルクの退陣後のことである。フランスとロシアの同盟は、イギリスとの和解を受け入れるとき、三国協商となる。したがって常に英仏独のトリアーデの余地はない。パリとロンドンにとって、ドイツはヨーロッパにおける大きな危険を表している。(4)

第一次大戦後、このトリアーデは形成されえたであろうか。一九一九年のヴェルサイユ条約は、ドイツに対して非常に厳しい。憎しみと敗戦国に対する非妥協的政策——とくにドイツに賠償支払いを強制するためにルールを占領するフランス側に見られた——の時期の次に、寛容の時期がやって来る。とりわけ一九二五年に調印されたロカルノ条約によって、ドイツは、もはやヴェルサイユ講和会議の時のように強制されることも束縛されることもなく、「自由に」、西側の新しい国境（新しいベルギー国境とアルザス＝ロレーヌのフランスへの復帰）を承認する。イギリスはこの新しい国境を保障し、それを非難するすべての侵略者に対抗して干渉することに同意する。この場合、トリアーデが問題となるのだろうか。この新しいロカルノの「ヨーロッパ秩序」は、ベルギーとムッソリーニのイタリアという他の二国の条約調印国を含んでいるから、全面的にそうとは言えない。正確に言えば、仏独の間で唯一の強国にならないこと、三国間だけの協議ではなく多角的な協議に到達することが、イギリスの願いであった。

一九三〇年代末に、ヒトラーの要求に直面して、イギリス首相ネヴィル・チェンバレンは、フランス首相エドゥアール・ダラディエの追随を伴って、「寛容」政策を行う。一九三八年のミュンヘン会談は、新しいヨーロッパ秩序を導くと見なされた。ドイツ系住民が多数であるズデーデン地方をチェコスロヴァキアから引き離し、それをヒトラーに与えることを認めることによって、チェンバレンはこの譲歩によって「なだめられた」ヒトラーがもはやいかなる領土要求も表明しないことを期待する。このミュンヘンの秩序がどれほど幻想であり、膨張を続けることを望むヒトラーに反対して、どのようにして一年後に宣戦布告が行われたか、周知のことである。しかしこの数カ月の間も、トリアーデについて語ることは出来ない。ミュンヘンにおいては、一方で、ムッソリーニのイタリアという第四のアクターがいた。他方で、主要な役割はチェンバレンとヒトラーによって演じられ、フランスはかなり受身の立場にとどまっていた。ダラディエは、軍事的にはイギリスの援助がないとドイツに対して何も出来ないことがわかっていたので、ミュンヘン協定に渋々調印する。

第二次大戦後、トリアーデはなお一層不可能に見える。なぜならば、ヨーロッパにおけるゲームは、以後アメリカ合衆国とソ連によって行われ、しかもしばらくの間、イギリスには冴えない「副次的」役割が割り当てられた。フランスはゲームの局外者のように見え、ドイツは一九四九年までもはや政治的実在を持たず、この時二つの国家に分裂する。ジャン・モネの着想によるシューマン・プランと、さらに欧州石炭鉄鋼共同体ＥＣＳＣの創設とともに、実際にヨーロッパ建設が始まる時、今度はイギリスが局外者になる。イギリスは西ドイツ、フランス、イタリア、ベネルクス三国を含むこの新しいヨーロッパへの参加を拒否するからである。(5) イギリスは、交渉において一時「オブザーバー」の役割を果たそうとしたとしても、モネによって発案され、同じ六カ国を含んだ欧州防衛共同体（ＥＤ

C)、欧州軍の構想も受け入れない。確かにこの構想の失敗（一九五二年に調印された欧州防衛共同体条約は一九五四年にフランスの国民議会によって否決される）ののち、フランスは、ピエール・マンデス・フランスの努力のおかげで、イギリスに近づく。彼のイニシャティブによって、実際、一九五四年末に、西欧同盟が結成される。(6) EDCの構想とは異なり、超国家的な性格を全く持たない西欧同盟には、NATOと調整して大陸の安全保障を確保するために、ECSC加盟六カ国とイギリスが参加する。(7) しかし大西洋同盟が重要であったので、この組織はほとんど影響を持たず、さらに一九五七年に「ヨーロッパ経済共同体」EECないし共同市場が結成されるとき、イギリスは六カ国の欧州への参加を拒否する。EECと他の西欧諸国を含んだ大自由貿易圏を結成するというイギリスの構想は挫折し、その結果、イギリスは小さな自由貿易圏である「欧州自由貿易連合」EFTAの結成に駆り立てられる。したがって仏独のカップルに支配された六カ国の欧州と、イギリスに支配された七カ国の欧州という二つの欧州が存在し、トリアーデからほど遠い状態である。一九六〇年代にイギリスがEECへの加盟申請を決定するとき、ド・ゴール将軍のフランスが一九六三年と一九六七年の二度にわたり拒否権を行使する。(8) 非常に大西洋主義的でアメリカに近いイギリスの立場とヨーロッパ大陸の西側に対してヘゲモニーを発揮することを夢見る――イギリスがEECに加盟すればこれは不可能となる――ドゴール主義のフランスの立場は相容れないので、トリアーデは全く不可能に見える。アメリカに支配されない「ヨーロッパ的なヨーロッパ」を望むフランスは、一九六六年、NATOの統合司令部から脱退する。

一八七〇年代から一九七〇年代にわたる一〇〇年について、このようなトリアーデの建設が不可能であった理由を説明することは可能である。恐らく二つの期間を区別する必要があろう。一八七一年と一九四〇年の期間、これら三国はヨーロッパの国際関係の調整にとってもっとも重要な国である。三国間に存在する力関係によってヨーロッパの均衡が形成されたり解体されたりするという意味で、この間、実際には「力によるトリアーデ」が存在する。しかし「協調によるトリアーデ」は存在しない。三国が同じ方向で一緒に決定できるということはめったに見られない。「三」という数字は協調にとって非常に不都合である。二つの国が第三の国――しばしば最強の国が問題であり、したがって一九世紀末からはドイツである――に対抗して同盟を組みやすいからである。均衡は三国間で形成されるというより、一対二で形成されるか、もしくは一九二五年にロカルノで試みられたように、三カ国以上によって追求される。一九四〇年から一九七二年の第二の期間、世界とヨーロッパが米ソ超大国の命令を被っている時であり、トリアーデはもはや「力」によるものではありえない。明らかにヨーロッパの三つの古い大国が役割を取り戻すために、ヨーロッパ建設の枠内において、「協調」によるトリアーデの可能性がありえたであろう。しかし一九五〇年に開始されたようなヨーロッパ建設に対して、イギリスが参加を拒否したのだから、そのようなことは全く起こらなかった。一九四〇年のフランス、一九四五年のドイツと違って、イギリスは第二次大戦の際、敗北と「敗北のシンドローム」のいずれも経験せず、なお自分を世界的規模の大国と見なしている。衰退を阻止するために、フランス人とドイツ人はヨーロッパ建設の意図や必要を抱くが、これはより大きい地球規模のビジョンを保持しているイギリス人によってほとんど共有されることはない。彼らが同じヨーロッパを選ぶときから、協調によるトリアーデが可能になるように思われるが、にもかかわらずそれは困難であろう。

## 困難なトリアーデ（一九七二～一九九二年）

一世紀におよぶ長い歴史は確かに精神に影響を与え、過去の重みは三国間の協調に対する障害となる。まず、イギリス人はヨーロッパにおける国と国の対抗ゲームである「バランス・オブ・パワー」の伝統を捨て去ることに苦労する。他方、この頃、仏独のカップルは、二国協力関係の文化を形成し、ヨーロッパについて共通のヴィジョンを獲得する。フランス人とドイツ人は、多くの点で意見を異にしても、互いの間でイギリスとよりも多くの共同利害と合意点を持つ。

共同市場への参加交渉の際、イギリス人はド・ゴールを孤立させ、拒否権の行使を困難にするために、フランス人に対抗してドイツ人を味方につけようと試みた。しかしイギリスの策略は失敗した。確かにドイツ人はフランスの拒否に非常に苛立ちを覚えたが、フランスと決裂し、共同市場を破壊することに、利益よりも不便を見出す(10)。共同市場は、彼らの工業だけでなく、農業にとっても利益である。ドイツの農家は少なくともフランスの農家と同程度に共通農業政策PACから利益を得ているからである。

一九七〇〜一九七一年の第三次加盟交渉の際、イギリス人はフランスが持つ最良の手段を計算に入れねばならないことを理解する。ジョルジュ・ポンピドーとエドワード・ヒースの間の特別の関係によって、「英仏のカップル」が形成されるのではないかという印象さえ抱かれる。この問題の最後の困難を取り除く上で、一九七一年五月末の両者の会談が重要であったことは知られている。(11)ポンピドー大統領が、「東方政策」の開始とともに、ドイツの政治的影響がますます増大することを意識し、状況を再び均衡させようと望んだことは確かである。そのためにイギリスのEEC加盟は、彼の目には好ましいことに見える。

イギリスの加盟は、確かに協調によるトリアーデの形成を可能にする。ヒースとポンピドーの時期には、いずれにしても両国の関係は良好である。しかし仏独のカップルが依然として支配的であることは、同時に付け加えておかねばならない。当時の通貨をめぐる議論においては、仏独のカップルが優勢である。イギリスは、ウェルナー・プランの作成の頃、まだ加盟国ではなかったので、この議論に関与していなかった。この経済通貨同盟の構想は、十分に表現が和らげられていたが、ドルの固定相場制放棄とともに、一九七一年に生じた激動が新しい状況を作り出す。アメリカとの交渉の過程で、ポンピドー大統領は、七一年一二月、ニクソンとの対談のためにアソレス島に赴く前に、ヒースとブラントと協議するが、主要な争点はドルとマルクの関係である。フランス大統領は、ドイツ首相と合意の上で、ドルの切り下げとマルクの切り上げがあまり大幅にならないことを獲得する(ポンドとフランの平価は不変である)。この基礎を前提として、スミソニアン合意は、「通貨のトンネル」(主要通貨間の変動幅を四・五%以内に抑える)を確立し、さらに数カ月後の一九七二年三月、ヨーロッパ諸国はこのトンネル内において、より小さな変動幅(二・五%以内)の「通貨の蛇」(スネーク)を創設する。このヨーロッパ通貨協議においては、トリアーデは重要であるように見える。しかしポンドはスネークに加わるが、それからほどなくして一九七二年六月には離脱する。

一九七四〜一九八一年の間、仏独のカップルは、ヴァレリー・ジスカール・デスタンとヘルムート・シュミットの間の緊密な協力関係によって、さらに強固なものとなる。ところでこの時期は、ポンド危機、政権に復帰した労働党の危機が示すように、イギリスの真の危機に対応している。加盟条約の再交渉を可能にしたのち、実際、ウィルソンは一九七四年の選挙で勝利する。首相となった彼は公約を守らねばならない。彼はパートナー諸国から小さな変更を獲得し、一九七五年、加盟を批准させるための国民投票を組織する。「賛成票」が大きく勝利するが、労働党はこの問題について非常に分裂し、大半の「反対票」は労働党の有権者から生じている。この党は、一九八〇年代まで、ヨーロッパをめぐって分裂を続ける。その上、ポンド危機は、一九七八〜一九七九年にジスカールとシュミットの仏独イニシャティブのおかげで設置された欧州通貨制度EMSに、イギリスが参加することを妨げる。イギリスの通貨がこのEMSに参加するのは、一九八九年のことにすぎない。これは「トリアーデ」の困難を示す追加的な条件である。

一九七九年のマーガレット・サッチャーの登場と、一九八一年のフランスにおける左翼の勝利は、新たな状況を作り出すように見える。サッチャー首相とともに、イギリス保守党は根本的転換を行った。それまでイギリスにおけるヨーロッパ建設の推進要素であった党は、今後、ヨーロッパに対して非常に批判的となった。マーガレット・サッチャーは、

「私にお金を返して欲しい」と言い、共通農業政策の制度のせいで、他の国以上に共同体予算に参加しているイギリスに対して財政的な補償を要求することを宣言する。他方、フランソワ・ミッテランは、パートナー諸国とは全く対立する経済政策を行う。社会民主党が政権にあった西ドイツを含めて、いたるところで引締政策が慣例になっているときに、彼は大規模な赤字スペンディングによって景気刺激策を実施する。その結果、一九八一年にフランスを前にして、ロンドンとボンの間で協調の誘惑が生じる。フランソワ・ミッテランの資料は、ピエール・モレル、ジャック・アタリ、ユベール・ヴェドゥリヌのような大統領顧問が、一九八一年七月以来、この新しい枢軸の可能性に対して不安を表明したことを示している。彼らは、フランス左翼の政策に非常に批判的なシュミット首相がサッチャーに頼るおそれがあり、しかもイギリスにほとんど役割を残さない仏独のカップルを終わらせることに非常に満足する彼女がこの呼びかけに肯定的に答えるであろう、と指摘している。したがってすべてのことは、西ドイツとの関係を維持するために、顧問たちの意見に従ったミッテランによって行われる。フランスの予算赤字は一定の限界を越えないことが十分に理解できるように、シュミット首相に対して保証が与えられる。フランス人にとって、重要なことは、仏独のカップルを救い、英独のカップルを避けることであった(13)。

実際、一九八一～一九八二年のピエール・モロワ政権下の左翼の政策は、一九七五～一九七六年のジャック・シラク政権下で実施された景気振興策が生み出した総額を下回る国家支出総額に基づいていた[14]。キリスト教民主党所属のヘルムート・コールが社会民主党のヘルムート・シュミットの後を継いだとき、仏独のカップルは存続し、強化された。フォンテンブロー会議では仏独両首脳は、マーガレット・サッチャーを孤立させることにさえ成功する。サッチャーは確かに要求した「小切手」を獲得するが、その金額（六億エキュ）は要求した数字（一〇億エキュ）を下回った。とくに、パートナー諸国は、イギリスの意向に反して、ヨーロッパ建設を再開させることを受諾する。一九八五年、ジャック・ドロールが欧州委員会委員長になり、その結果、トリアーデについて語ることができるとすれば、ミッテラン、コール、ドロールの三人が形成するものとなる。彼らは実際にヨーロッパに対して大きな進歩を実現させる。すなわち一九八六年の単一議定書、次いで一九九二年のマーストリヒト条約に帰結する交渉の全体である。この間、一九九〇年にサッチャーの辞任が生じ、後継者ジョン・メイジャーは明らかに彼女ほどヨーロッパ懐疑主義者ではない。条約交渉の途中、彼は一時コールと共同行動をとったことがある。実際には、イギリス首相は経済通貨同盟の原則に関して合意が実現されることを懸念する。彼はイギリスをそれに参加させることを望まず、パートナー諸国が悪意で眺める「オプティング・アウト」の権利を要求する。同じ頃、クロアチアとスロヴェニアがユーゴスラヴィア連邦から離脱し、それに対して、ドイツ首相はEUがこれら二国の独立を承認することを望む。ロンドンとボンの間で、メイジャーがクロアチアとスロヴェニアに関する西ドイツの提案を支持し、ボンは「オプティング・アウト」の原則を受け入れるという「取引」が現れかける。しかしこの接近は、限定された一時的なものであり、仏独のカップルが依然としてもっとも強力である。フランスにおける左翼政権の出現は、結局、このカップルを危うくすることはなく、全くその反対であった。おそらく一九八〇年代後半に、トリアーデはますますバランスの変化を受けるであろう。

## 今日トリアーデはバランスを取り戻したか

連邦解体直後に始まったユーゴスラビア戦争は、ヨーロッパの無力を際立たせる。とはいえボスニア戦争の間、EUは役割を果たすことを追求する。一九四五年以来初めて、戦争がヨーロッパで起こっただけに、EUはなおさらその必要を感ずる。ヨーロッパ建設は、大部分、ヨーロッパ大陸におけるこの災禍の再発を避けるためになされたことである。したがってヨーロッパの人々にとって、この紛争に解決を見出すことが重要であった。彼らは多数の和平計画を考えるが、いずれも無駄であった。オハイオ州のデイトンで調印された協定に到達するには、アメリカ合衆国とＮＡＴＯの介入が必要であった。ヨーロッパの問題を自分たちだけで管理できないことを露呈したヨーロッパの人々にとって、ここに一つの形の屈辱が見られる。とはいえソ連という超大国はすでに消滅しており、したがって大陸の安全保障のためにアメリカを必要としないことは可能になっていた。

ヨーロッパの安全保障のために努力するという英仏独三国の自覚において、この失敗が重要な役割を演じたことは疑いない。一九九八年に基本的な転換が生じた。トニー・ブレア、ジャック・シラク、リオネル・ジョスパンがサンマロで会談した際、英仏は両国が辿った道のりを示す宣言を起草する。この宣言は、「欧州防衛・安全保障アイデンティティー」を準備し、さらにそれを確立するために、ＮＡＴＯ内部に「欧州の支柱」を準備することを掲げる。パートナーは互いに一つの妥協を行った。フランス人は、ＮＡＴＯにより良く統合されることとＮＡＴＯの統合された指揮権（一九六六年、ド・ゴールによってフランスはこれを離脱していた）を受け入れる。イギリス人は、大西洋同盟と大西洋主義の価値しか信頼しなかったために、この時まで関心を抱かなかったヨーロッパ・アイデンティティーが存在することに同意する。その後、ドイツがサンマロ宣言に参加し、さらにEUは、「欧州防衛力」、すなわち六万人の「緊急派遣軍」を編成することによって、「欧州防衛・安全保障アイデンティティー」を保証する決定を行う。欧州防衛共同体と欧州軍の構想が失敗した一九五四年には不可能であったことが、二〇世紀末から二一世紀の初頭に可能となった。今度は、トリアーデはうまく働き、この変化の中でその活動は基本的であった。

トリアーデが進展する別の理由が存在する。一九九五年以来、仏独のカップルは多くの冷却を経験し、イギリスのブレアは、彼の国がEUの中でより大きな役割を果たすことを望んで非常に積極的に動いている。EUの良好な歩みにとって、この新しい均衡が必要なことは疑いない。残る問題は、ヨーロッパの将来のための協定によって準備された制度の拡大と改革という予想される大きな争点に直面して、三国が果たして合意を見出すことが出来るかどうかである。

結論として、長期にわたりヨーロッパの三「大国」を二つの陣営に協調ないし対立させたものが何であったかを理解しなければならない。

経済的には、フランスとイギリスの間よりも、フランスとドイツの間のより良い補完関係に注目しなければならない。仏英貿易が伝統的に仏独貿易より重要であったとしても、一九世紀末以来、後者は仏英貿易よりも急速な成長率を示し、それに追いつく傾向を示していた。第一次大戦、次いで一九三〇年代の世界恐慌によって、仏独貿易は二度仏英貿易を追い越すことを妨げられた(15)。一九四五年以後、この種の破局が自然の流れを中断せることは一度も生じなかった。しかもナチによるフランス占領に続く仏独貿易の低下ののち(16)、この貿易は急速に回復する。一九四七年以来、フランスの西ドイツからの輸入は、イギリスからの輸入を上回り、次いで、一九五三年以後、西ドイツ向け輸出はイギリス向け輸出を上回る。しかも仏独貿易は、フランスのもっとも近代的な産業（一九五〇〜一九六〇年代にはとくに自動車）に有利であるのに対して、仏英貿易はより伝統的な活動（奢侈品、ワイン、繊維など）を重視している。農業面では、ドイツにとって共通農業政策の受け入れが得策であったのに対して、共通農業政策が高くつくことになったイギリスにとって、このようなことは見られなかった。

政治面では、仏独の指導者は、一九五〇年代の間、「超国家的」タイプのヨーロッパ建設に向かう必要を信じていたので、互いにより近かった。フランスの世論は、一九五四年の防衛共同体の失敗が示したように、まだあまり遠くまでついていく準備は出来ていなかったが、仏独の双方で政権を担当していた政治家は、この大胆な構想の中で和解していた。イギリスの指導者の場合、これは事実ではない。一九六〇年代に入ると、ド・ゴールのフランスは、超国家的方法に批判的となる。この変化は、ボンとパリの間の関係に問題を提起する可能性があり、ド・ゴールと同じ様に、イギリスは、国家主権の一部を放棄することになる超国家的方法に対して反対であるから、仏英間の接近を助ける可能性があったであろう。しかしこのような期待は生じない。逆に、ド・ゴールはイギリスの加盟に対して二度反対する。これは制度に関する戦略問題よりも、影響力に関する戦略問題の方が重要であることを示している。イギリスの共同体加盟によって、ド・ゴールは制度に関する議論において、なるほどイギリスの支持を得られるであろうが、ヨーロッパにおけるフランスの「リーダーシップ」は、終わることになるであろう。ド・ゴールはこのような考えに耐えることが出来なかった。したがって仏独の政治的均衡は、英仏間の均衡よりも容易であった。制度に関してドイツほど大胆ではないとしても、それでもフランスは政治的ヨーロッパ、すなわち対外政策の収斂を望み、またイギリスと違って、ヨーロッパを単なる通商空間、単なる自由貿易圏に還元する気がないからである。

対米関係の面では、英独のカップルの可能性はより大きかったであろう。ロンドンとボンは大西洋主義であるのに対して、フランスは、一九五八年以後、アメリカに支配されたヨーロッパよりも、「ヨーロッパ的なヨーロッパ」の道を望んでいたからである。しかし英独の協調は実現されない。なぜならば、特定の立場や態度が派手な様相を示すとしても、フランスは基本的に大西洋同盟に忠実であるという事実に、ドイツが安心を感じたからである。[17] しかもこれ以外の面では、フランスはイギリスよりもドイツにより多くのものを提供する。

軍事面では、どちらかと言えば英仏間のカップルが問題となる。第二次大戦の敗戦国という立場から、ドイツは大きな行動の自由を持たず、また実際にそれをもつことを望んでいないからである。しかし長い間、英仏間の軍事的カップルは、スエズの不幸な試練を除けば、ほとんど機能しなかった。とくにサンマロ宣言を契機として、英仏カップルの改善が見られるには、一九九〇年代を待たねばならない。

要するに、一九五〇年から一九九〇年代まで、フランスはトリアーデの中でかなり中心的な位置を占めていた。イギリスの加盟は、最終的にフランスの好意に依存していた。フランスはヨーロッパ建設の多くの分野でドイツとのカップルを形成した。フランスはヨーロッパ防衛の分野ではイギリスとのカップルを形成した。しかし英独のカップルは実際には存在しない。制度の問題に関して、フランスは、イギリスほど臆病でもなければドイツほど大胆でもなく、フランスは中間の位置を保持している。そうは言っても、ドイツも一つの中心的役割を果たしており、しかもその役割はますます中心的となっている。一方では、とりわけ一九九〇年の統一以来国力が増大し、他方では、多くの問題に関して中間的な立場をとっているからである。大西洋主義に関して、ドイツの立場はイギリスほど強くはないが、フランスよりは強い。「社会的ヨーロッパ」の面では、ドイツはおそらくフランスほど前進することを望まないが、イギリスとは違って、その原則をますます認めている。将来、トリアーデの均衡と再均衡において、したがってヨーロッパ建設において、おそらくドイツこそが基本的な役割を演じるであろう。

注

（1）René Girault et Robert Frank, *Turbulente Europe et nouveaux mondes 1914-1941*, Paris, Masson, 1988, réédition en 1998; René Girault et Robert Frank（dir.）, *La puissance en Europe 1938-1940*, Paris, Publications de la Sorbonne, 1984.

（2）René Girault, Robert Frank, Jacques Thobie, *La loi des géants*（*1941-1964*）, Paris, Masson, 1993; Robert Frank, *La hantise du déclin. Le rang de la France en Europe*（*1920-1960*）*: finances, défense et identité nationale*, Paris, Belin, 1994; René Girault et Robert Frank（dir.）, *La puissance française en question! 1945-1949*, Publications de la Sorbonne, 1988.

（3）Paul W. Schroeder, *The Transformation of European Politics, 1763-1848*, Oxford, 1994; Jean Bérenger et Georges-Henri Soutou（dir.）, *L'ordre européen du XVIe au XXe siècle*, Presses de l'Université de Paris-Sorbonne, 1998; L. Bély, *Les relations internationales en Europe XVIIe-XVIIIe siècles*, Paris, 3ème édition, 2001.

（4）Philip Bell, *France and Britain, 1914-1940. Entente and Estrangement*, Londres, Longman, 1996.

（5）Philip Bell, *France and Britain, 1940-1994. The long separation*, Londres, Longman, 1997.

（6）François Bédarida et Jean-Pierre Rioux（dir.）, *Pierre Mendès France et le mendésisme: l'expérience gouvernementale 1954-195 et sa postérité*, Paris, Fayard, 1985; René Girault（dir.）,

*Pierre Mendès France et le rôle de la France dans le monde*, Presses de l'Université de Grenoble, 1991.

(7) Maurice Vaïsse, Pierre Melandri et Frédéric Bozo (dir.), *La France et l'OTAN, 1949-1996*, Bruxelles, Complexe, 1996.

(8) Françoise de la Serre, *La Grande-Bretagne et la Communauté européenne*, Paris, PUF, 1987; Françoise de la Serre, Jacques Leruez, Helen Wallace (dir.), *Les politiques étrangères de la France et de la Grande-Bretagne depuis 1945: l'inévitable ajustement*, Presses de la Fondation nationale des Sciences politiques, 1990; Maurice Vaïsse, *La grandeur. Politique étrangère du général de Gaulle, 1958-1969*, Paris, Fayard, 1998.

(9) フランスの「一九四〇年のシンドローム」については、以下を参照。Robert Frank, 《Les incidences nationales et internationales de la défaite française: le choc, le trauma et le syndrome de quarante》, in *La campagne 1940*, sous la direction de Christine Lévisse-Touzé, Paris, Taillandier, 2001; Robert Frank, *La hantise du déclin. Le rang de la France en Europe (1920-1960): finances, défense et identité nationale*, Paris, Belin, 1994.

(10) Marie-Thérèse Bitsch (dir.), *Le couple France-Allemagne et les institutions européennes. Une postérité pour le plan Schuman*, Bruxelles, Bruylant, 2001.

(11) ジョルジュ・ポンピドゥー協会によって組織された次の研究集会の報告集を参照。*Georges Pompidou et l'Europe*, colloque (organisé par l'Association Georges Pompidou) 25-26 novembre 1993, Bruxelles, Editions Complexe, 1995.

（12）Robert Frank, 《Pompidou, le franc et l'Europe》 in *Georges Pompidou et l'Europe, op. cit.*, pp. 339-369; Robert Frank, 《Français et Allemands face aux enjeux institutionnels de l'union monétaire: du plan Werner à l'euro（1970-2000）》, in Marie-Thérèse Bitsch（dir.）, *Le couple France-Allemagne et les institutions européennes. Une postérité pour le plan Schuman*, Bruxelles, Bruylant, 2001, pp. 537-558.

（13）Robert Frank, 《Les effets de l'élection de François Mitterrand dans le monde en 1981》, in Serge Berstein, Pierre Milza, Jean-Louis Bianco（dir.）, *Les années Mitterrand, les années du changement, 1981-1984*, Paris, Perrin, 2001. フランソワ・ミッテランの史料の公開によって、当時のフランスの政策の「内情」についてよく知ることができるようになった。

（14）アスラン Jean-Charles Asselain は以下の書物の中で一九八一～一九八四年のミッテランの経済政策について検討している。*Les années Mitterrand, les années du changement, 1981-1984, op. cit.*

（15）Robert Frank, 《La mésentente commerciale franco-britannique》, *Relations internationales*, n° 55, 1989.

（16）明らかにナチの占領期間中（一九四〇～一九四四年）、英仏貿易が崩壊し、仏独貿易が頂点に達するが、この場合は例外的状況が問題である。

（17）Robert Frank, "La France et son rapport au monde au XXe siècle", *Politique étrangère*, n° 3-4 automne-hiver 2000, numéro spécial: "1900-2000: cent ans de relations internationales", pp. 827-839.

# 結論

ヨーロッパ・アイデンティティーの変化、ヨーロッパ建設とフランスのヨーロッパ政策を対象とする以上の分析は、「国際関係」と「ヨーロッパ内関係」の性質に関する問いに行き着く。

以前から「国際関係」に関する省察が存在する。(1) それは何によって成り立っているのか。それはどのように働くのか。(2) 欧米の政治学者は、異なる解釈を重ねた。ヨーロッパ内関係は原則的には国際関係に属している。しかしヨーロッパ建設が現実となって以来、ヨーロッパ内関係は、幾分特別の地位を持っている。すなわちヨーロッパ諸国間の関係は、もはや全面的に外国間の関係というわけではなくなっている。それは偽らざる一つの徴《しるし》である。ますます「ヨーロッパ問題」を担当する役所の部局は「外務」省から区別されるようになっているが、それは明らかにこれらの問題がもはや全面的には「外務」ではなくなっているからである。にもかかわらず、政治学者はヨーロッパに各々異なった解読を当てはめようと試みる。それらを吟味することは歴史家の義務である。

カントとその「ヨーロッパ恒久平和構想」（一七九五年）の伝統の中に、「自由主義学派」が存在する（この場合「自由主義」とはアングロサクソン的な意味であり、一九世紀の進歩的な「政治的自由主義」の意味である）。それはむしろ「理想主義的な」主張を発展させる。すなわち、戦争は人間の本性の中にあり、諸国家間に存在する自然的な無政府状態の産物であるが、国家の創設のおかげで領土内の社会生活の平定が可能になったのと同様に、諸国家は互いの関係、「対外」関係における暴力の使用を拒否し、高位の国際的命令に従うようになると考えるべきである。カントによれば、「共和主義的」（今日なら「民主主義的」と言えよう）体制だけが、その主権の一部を委譲し、戦争の回避を機能とする権力機関を受け入れることが出来る。このアプローチは、「法による平和」を追求した一九世紀末の法律家の潮流、さらには一九一九年の国際連盟の創設者たち、戦争を「法の逸脱」に置いた一九二八年のブリアン＝ケロッグ協定の作成者たちに着想を与えた。

第二次大戦後、平和主義の幻想は、このような理想主義をいくぶん失墜させ、「現実主義派」が勝利する。この派もまた、マキャベリ、あるいはホッブスに遡り、したがって理想主義よりも古い伝統の中に位置する。その主張によれば、いかなる理想、いかなる理念も自然状態を変え、戦争を阻止することは出来ない。ただ現実だけが重要であり、それは以下の要素から構成される。すなわち国際生活の唯一の有効な推進力である国家間の力関係、加えてこれら国家の利害、そして国家が国民国家になって以後は「国民的利害」である。かくして戦争回避の唯一の仕方は、「力の均衡」を追求することであり、これが国家あるいは国民的利害の間の妥協をもっとも上手に管理する術である(3)。この見方によれば、ヨーロッパ建設は、国民的利害が、当事者のそれぞれに対して、この方向に進むことを勧めない限り不可能である。歴史家アラン・ミルワードが、ヨーロッパ建設のこのような「国民的戦略」が国民国家の力を救う最良の手段であったとさえ主張するに至った理由は、よく知られている(4)。

「制度主義者」と「機能主義者」は、国家を国際関係の唯一の推進力とは考えない。前者は世界システムのとくに重要かつ必要な根拠として、国際機関やネットワークを重視する。[5] 後者は、限定された領域における機能的な制度の設立を起点として、共有すべき新たな機能と利害を創出していく統合のプロセスの中で徐々に国家を統一する可能性を信じる。[6] さらに機能の拡大につれて、統合の追加的必要が出現し、「スピルオーバー」(波及効果)あるいは誘導効果によって、統合された権力機関は、国家に対して権限を拡大していく。ジャン・モネの方法は、機能主義の説にかなり近く、新機能主義者自身が共同市場とEEC(ヨーロッパ経済共同体)の創設を導いたECSC(ヨーロッパ石炭鉄鋼共同体)の成功から着想を得た。[7] 今日、多くの新機能主義者がユーロの誕生からスピルオーバー効果が生じ、EUが加盟国を犠牲にして、その超国家的な政治的権威を強化し、単一通貨の管理と権限の拡大が出来るようになることを期待していることは疑いない。

最後に、「構成主義者」(constructiviste) は、国際的なアクターの行動を理解するために、理論よりむしろ方法を作り上げる。[8] 彼らはアクターの主体性、すなわち彼らの世界についての認識や表象、彼らの心性やアイデンティティーを強調する。現実主義者に対して、彼らはこれらの主体的要素(間違った認識あるいは誤認を含めて)が、少なくともいわゆる客観的な力関係と同程度に、対外政策の形成に大きく影響すると考える。

一般に過去について非常に経験主義的な読み方をする歴史家は、これらのアプローチのいずれにも長所があるが、どれ一つとしてすべてを説明することを主張できないと言いたい。ヨーロッパが国民的利害に対立して形成されえなかったこと、フランスが第二次大戦の状況に起因する弱体化の後に国際的な影響力を再建するためにヨーロッパ政策を利用したことは確かである。またヨーロッパ建設の過程を含めて、英仏独三国の関係において、「ヨーロッパの均衡」の問題がどれほど重要であったかは、本書で見た通りである。しかし逆説的ながら、「現実主義的」アプローチは、現実の全体を理解するのに十分ではない。なるほど国民的利害は梃子として役立ちえたが、それだけを当てにしなければならなかったのならば、ヨーロッパ建設は決して開始されなかったであろう。ECSC、次いでEECの成功が国家のゲームという問題を超越する新しい動態をどのように作り出したかを示している点では、機能主義者は正しい。しかし逆に、スピルオーバー効果は限界を持っていた。一九五〇年五月九日、シューマンは、モネに動かされて、次のように述べている。「ヨーロッパは一挙に形成されるものではなく」、「具体的な成果」を通じて徐々に建設され、しかもこれらの成果は徐々にヨーロッパ連邦に帰結する事実上の連帯を作り出す。しかし半世紀以上の努力を経ても、ヨーロッパ連邦は相変わらず存在しない。機能主義は、結局予想通りに展開しなかった技術的な自動装置を当てにしている。経済的同盟は不可避的に政治的統一に帰結しなかったのである。この機能的な力学を過小評価すべきではないとしても、それだけではヨーロッパを作りえないことを確認しなければならない。建設が進められても、「必然性」が「政治的意思」に勝るとか、それを消滅させるとかはありえない。しかもジャン・モネは、このことを最初に確信していた人物である。この政治的意思は、世論にも依存している。ヨーロッパは、世論に対抗しても、また世論なしでも建設されえない。哲学者ハーバーマスとともに「理想主義的」アプローチの再生が見られ、それはほとんどカント的な仕方で民主主義の問題に立ち戻る。ヨーロッパ「公共空間」、すなわち同時に民主的意思を形成し、反映し、表明できるような論争、審議、決定の空間を創出することが望ましい。「経済主義的」・機能主義的アプローチは、世論を無視し、「ブリュッセルの人々」と世論との間の距離の原因となり、ひいてはヨーロッパ社会の活発な少数派の反対の原因となったかもしれない。ヨーロッパは有益には見えるが、一九世紀や二〇世紀の大半の時期における国民の理念とは違って、多くの人々に夢を与えてはいない。

そこから認識や表象の検討を促す建設主義者のアプローチが生ずる。この分野において、歴史家は政治学者の省察を豊かにすることが出来る。歴史家は、心性に対して事件が及ぼす力[9]、集合記憶における大きなトラウマ（フランス人にとってのヴェルダン、アウシュビッツ、一九四〇年の敗戦）の重み、また小さなショック（スエズ動乱を巡る英仏の失敗、ボスニア問題におけるヨーロッパの無力を露呈させたデイトンのアメリカの成功）の影響といったものを研究する。これらの事件は多かれ少なかれ持続的な影響をもつシンドロームや不安あるいは懸念に変わり、ヨーロッパ意識を刺激し、ヨーロッパ建設にとって有効な推進力となったであろう。歴史家はまた政治的機関の形成に誘発された心性の変化を見通す。たとえば、ヨーロッパ統合は、比較的長い時間の中に含まれるアイデンティティーの変化を経てきている。どのようにしてナショナル・アイデンティティーが、ヨーロッパ建設を経ても消滅せずに変化し、多数派を占める新たなヨーロッパ・アイデンティティーと両立するようになったか、しかしこの新しいアイデンティティーはヨーロッパに不安を抱いて激しく反対する少数派に対して、実際には依然として臆病であるか、われわれは示した。国民的利益の認識は最終的に少しずつ変化しており、多くの人の場合もはや国民主権の概念と混同されてはいない。そこから「政治的両立不能の三角形」を考えるというわれわれの提案が生じる。(10)「ヨーロッパの利益」と「国民的利益」は両立するが、この二つは絶対的な「国民主権」の維持とは両立不可能であり、したがってその維持は最終的に国民的利益に反することになりえる。こうした変化は、機械的に生じたわけではない。国民的利益は単に客観的な利益にとどまるものではない。それはまたアクターや世論が国民的利益について抱く表象の産物であり、したがって重要なアイデンティティーの変化の帰結である。

ヨーロッパ建設は、世界の他の部分、とくに東アジアにとって有益な教訓を与えることが出来るだろうか。全く違った現実のもとで生じた経験の実例を模倣することが、いかに危険であるかは言うまでもない。とはいえ歴史家は、経済的機能主義がその力を証明したと言いたくなる。契約的な部門統合の方法(すなわち最初に限定された分野で統合が行われる)と共同市場の全般的方法とによって、同時に経済統合を追求することは、連帯と共通の利害を作り出すことを可能にする。大陸の南東部におけるアセアンと同じように、日本はアジア経済において本質的な統合の役割を果たすことが出来るし、すでに果たしてもいる。しかし「現実主義者」のアプローチは、諸国民の利益、すなわち一国の利益だけでなく、これら諸国民の利益の「均衡」にも賭ける必要があることを示している。ヨーロッパの幸運は、一九四五年以後フランスと西ドイツの二国、その後イギリスを含めた三国という政治的経済的大きさが極端に違わない国々が、この均衡をかなり容易に見出すことが出来たということである。しかしながら二度の世界大戦から生まれた偏見やトラウマが根強い限り、「現実主義者」たちが要求する均衡は、自然発生的に実現されるものではない。「建設主義者」のアプローチは、事後的にではあるが、心性の重要性を理解させてくれる。仏独和解はヨーロッパが成功する条件の一つであった。経済的利害を媒介とした二国間の協調がまず存在し、次いで象徴的行為（一九六二年のランス、一九八四年のヴェルダン）によって、両国民の間の憎しみを後退させることができたのである。ここに日本と中国、日本と南北朝鮮、日本と旧「大東亜共栄圏」との間の和解のための「モデル」を見出すべきであろうか。否であり、明らかに「モデル」について語ることは出来ない。条件が同じではなく、フランスのことわざが言うように、「歴史は決して同じ料理を出さない」からである。しかも和解というものは、悪い思い出を残した国民（ヨーロッパにおけるドイツ人、アジアにおける日本人）の努力を要求するだけでなく、自分を彼らの犠牲者と見なしている諸国民の努力をも要求するから、問題は複雑である。多くの中国人は、知識人・学生層を含めて、現在でもドイツがフランスに謝罪を表明したと誤解しており、それによって日本に対して謝罪を要求する権利を正当化できると考えている。しかしこれは事実に反する。このような考えは、一九七〇年のウィリー・ブラント首相の行為についての誤解を意味する。ワルシャワの強制収容所の記念碑の前で跪き、彼は静かに許しを乞うたが、それはヨーロッパのさまざまな国の国民に対してではなく、ナチ体制によって犯されたジェノサイドという人道に反した絶対的な罪の犠牲者であったユダヤ人に対してのみ向けられたものである。他方、ドイツ人によって占領された国々においては、ドイツ人は、国家と社会のいずれにおいても、程度はさまざまであるが、「協力者」や共犯者を見出した。このようにしてヨーロッパの各国民は、占領国の国民だけでなく被占領国の国民を含めて、第二次大戦について記憶の作業を行わなければならない。それはおそらくアジアでも同様であろう。知識人、とりわけ歴史家はこの分野で役割を果たすべきである。この記憶の作業は必要であり、民主主義体制のもとでは実行しやすい。

本当に民主主義は重要である。さらに民主主義については、地域統合が民主化の進展と同時に実現されるという思想を「理想主義者」から借用することが出来よう。すでに見たように、ヨーロッパは経済的な型の「共通利益」だけを発展させながら建設の道を歩むことは出来ない。ヨーロッパの人々には「共有された価値」が必要であり、民主主義はその一つである。この点について、アジアではどうなのだろうか。民主化の過程が、地域統合の過程に先行すべきなのか。しかしアジアの地域統合は、ヨーロッパの道を機械的に辿るべきではない。ヨーロッパ統合は、ギリシャ、ポルトガル、スペインにおける独裁体制の崩壊後、これらの国々に拡大され、EUは共産主義体制の終焉後、現在東欧諸国に開かれている。民主化がヨーロッパ統一の進展を促進したとしても、世界のほかの地域では、逆の道を想定することは全く可能である。アジア統合の進展は、生活の向上をもたらしながら、おそらくヴェトナムや中国の民主化の過程を促進するであろう。

とはいえ民主主義の将来における全面的な勝利は、確実でも不可避でもない。このような決定論的な見方には、おそらく西欧の政治文化に関する典型的な幻想と幻影があるだろう。この点については、フランシス・フクヤマ――その主張は大いに戯画化されている――さえ彼の仮説の中では慎重である。歴史の終焉（最初は論文の形で、次いで本の形で出された）の中で、彼はベルリンの壁崩壊後歴史が止まるとも、また世界のいたるところで民主主義が自然かつ自動的に勝利するとも主張してはいない。彼は民主主義が思想の哲学的レベルで勝利したこと、そして「それが人類のイデオロギー的進化の終点」であることを主張しているが、彼は地球全体における民主主義の到来を保証してはいない。民主主義は人類全体が当然享受すべきであるという意味で「普遍化しうる」概念である。にもかかわらず、そこから統治の唯一のモデルを引き出してはならない。普遍性と画一性を混同してはならない。民主的統治の諸形態は、文化の多様性のせいで、世界空間のさまざまな部分において異なった形でしかありえない。歴史家は、さらに民主主義の形態は時間の中で変化し、今後も変化するだろうと付け加えたい。この「自由主義的」(ここでも語の古典的な意味で使う)アプローチは、民主主義の勝利を市場経済の勝利と関係づける。この場合もやはり、慎重を期して、市場経済が機能するために、それは画一的ではありえず、さまざまな空間とさまざまな発展レヴェルに適応しなければならないと言っておこう。「市場の民主主義」が全面的な「規制緩和」によって試みられるとすれば、それは「市場の独裁」に転化する恐れがあり、その結果、一連の社会的危機や民主主義自体に対する脅威をもたらすことになろう。この意味で、規制緩和をめざす新自由主義は、古典的な自由主義の願いとは正反対の結果に帰結する可能性がある。最後に、三つ目の点として、理想的な自由主義の三角形について指摘しよう。これは市場統合のおかげで獲得される民主主義と繁栄が平和の増進に帰着するというものである。とはいえもっとも慎重な人々は恒久平和を信じないが、しかし彼らは民主主義の精神と共同市場の精神が国際関係の中で強まれば、大規模な紛争のリスクが目に見えて減少することを信じている。この黄金の三角形は一挙に確立されうるものではない。そこから地域統合の経験から着手するという傾向が生じる。

地域統合に対する障害は、明らかに数多くある。文化の多様性は、一つのハンディキャップである。なぜならば、それによって異文化間の無理解の可能性が高くなるからである。ヨーロッパ人の幸運は、長期間の歴史と結びついた共通の文化を共有していることであり、他の大陸にはこのような幸運は同程度には存在しない、としばしば言われる。しかしこのような発言には、大いにニュアンスをつけるべきであり、「文化主義的」アプローチは相対化されねばならない。まず東アジアを例にとれば、確かに文化の多様性は存在するが、過小評価出来ない文化的収斂も存在する。他方、共有された遺産（古代ギリシャ、ローマ文明、ロマネスクやゴチックの様式、ルネサンス、バロック芸術、ロマン主義芸術、近代的様式、《装飾芸術》など）に基づいたヨーロッパの文化的統一はなるほど存在する。しかしこの統一は共通の感情を生み出すとしても、大きな多様性を包み隠している。近くて異なる宗教や信念の名において、ヨーロッパでどれほどの戦争が戦われたことか。文化は統一の契機であると同程度に分裂の契機であり、分裂の契機であると同程度に統一の契機である。すべてはそれがどのように政治的に利用されるかにかかっている。文化の違いが不可避的に戦争を招くわけではない。この違いが戦争に行き着くには、それがこの方向で道具として利用されることが必要である。サムエル・ハンチントンは文化について余りにも単純な見方をしている。彼は冷戦終結によって、大きなイデオロギーの間の対立が消滅し、その結果、西欧の文明とイスラムないし儒教の文明との間の「文明の衝突」と置き換わったと考える。多くの点で、彼にとって民主主義の画一化に関するフクヤマの主張に反駁することが問題であった。確かに、一方の文化が他方の文化に開放されることは文化の普遍化を導くものではないと言う限り、彼は正しい。実際、常に多様性が残り、それが相違と対立の原因となる可能性はある。しかしこの対立が戦争や紛争に転化するには、それが権力争いに絡んで、政治目的に利用されることが必要である。西洋やアメリカに戦争を行うのはイスラム文化圏ではなく、宗教や文化を単純なイデオロギーに還元するイスラム主義である。一九九一〜二〇〇〇年の戦争は、ハンチントンのシェーマを確認するものではない。それらは、宗教や文化の周りで人々を動員しようという実際の試みにもかかわらず、亀裂の線が文明圏内部を通っていることを示している。一九九四年から一九九五年のボスニア、一九九九年のコソボにおいて、イスラム教徒の救出のためにキリスト教徒がキリスト教徒を殺さなければならなかった。二〇〇一年、アフガニスタンではアフガンのイスラム教徒が、キリスト教徒の西欧の大国の支援を得て、独裁からの解放のためにイスラム教徒のタリバンを殺した。文化的な多様性が自動的に破壊の過程を生み出さないのと同様に、文化的収斂は自動的に統一の過程に決して到達することはない。統一の過程がすでに経済的あるいは政治的に開始されている限りで、文化的収斂が統一の有利な条件の一つにはなりえる。伝説に反して、ジャン・モネは決して次のようには言わなかった。「再開すべきであるとしたら、ヨーロッパの建設は文化から始めなければならない」。われわれが見たように、古い文化的なアイデンティティーは、それだけでは現実のヨーロッパ統一に帰結しなかった。長い間優越感に基づいていたために、それはヨーロッパ統一の障害となった、とさえわれわれは指摘した。ヨーロッパ人のこの驕りを終わらせると同時に、「ヨーロッパ意識」を出現させるには、二〇世紀の大きな破局が必要であった。ヨーロッパ統一の政治的必要というこの感情こそ、ヨーロッパ運動の軌道とヨーロッパ建設の中で基本的役割を演じたものであった。二〇世紀末のアジア通貨危機は、おそらく東アジアにおいて同じような過程の決定的な始動装置になりえるだろう。ヨーロッパの古い文化的なアイデンティティーの存在にもかかわらず、本論で見たように、五〇年来着手されてきたヨーロッパの建設に再び力を与えるには、今日新しいアイデンティティーが必要となっている。同様に、アジア統一の力学を強めるには、アジアにおける新しい集合アイデンティティーを作り出すことが必要であろう。このような統合のメカニズムの中で、古い文化的遺産が大義の必要から再活性化されるとしても、文化は先行するよりも後からついていくのである。

これらの新しいアイデンティティーは、他の集合アイデンティティーとの関連で、またしばしば優勢なアイデンティティーとの関連で形成される。このようにして地域統合の過程における世界的超大国アメリカの能動的かつ受動的な役割という根本問題が提起される。冷戦初期には、アメリカはマーシャル・プランによって、大国ソ連を上手に封じ込めるために、西欧の地域的な実体の建設を歓迎し支援することに関心をもった。今日、ヨーロッパでもアジアでもアメリカはこのような関心を持っていない。逆に、世界のこの二つの部分では、アメリカの友好国においても、世界の問題に関して獲得すべき影響力の上にアイデンティティーを築こうという意思が見出される。アメリカ合衆国は全能ではありえず、崇高な国際関係の調整の原則がアメリカ一国の行動に依拠するというのは賢明ではない。世界の各所におけるこうした自覚の結果、合衆国は心ならずも地域アイデンティティーの形成を引き起こすようになっている。非妥協的な宗教の完全主義と闘おうとするならば、そしてそれらを培養している貧困を後退させようとするならば、経済的進歩のために必要なグローバリゼーションは、人間の顔をしたグローバリゼーション、すなわち構造化され調整されたグローバリゼーションでなければならない。この調整は地球レヴェルと同時に、大規模な中間的空間（諸国民と世界の間の中間）のレヴェルで展開されるべきである。ヨーロッパと東アジアは、経済的政治的により均衡がとれ、さまざまなアイデンティティーをより尊重し、徐々に民主主義的になっていく、世界を導くための国際システムの新しい構造の実例を与えることが出来る。日本とフランスは、一緒にまた個別に、こうした願いの実現の中で役割を演じなければならない。

**注**

（1） Pierre Renouvin et Jean-Baptiste Duroselle, *Introduction à l'histoire des relations internationales*, Paris, Armand Colin, 1ère édition, 1964, 4ère édition, collection Agora Pocket, 1991; Michael J. Hogan, Thomas G. Paterson (ed.), *Explaining the History of American Foreign Relations*,

Cambridge, New York, Cambridge University Press, 1991; Marie-Claude Smouts (dir.), *Les nouvelles relations internationales*, Paris, Presse des Sciences Po, 1988.

（2） これらの問題については，Jean-Jacques Roche, *Théorie des relations internationales*, Paris, Editions Montchrestien, 4ère édition, 2001 の中のすぐれた要約を参照。

（3） Hans J. Morgenthau, *Politics among Nations. The Struggle for Power and Peace*, New York, Alfred Knopf, 1st edition, 1948, 6th edition, 1985. パワー・システムをより強調する「ネオ・リアリスト」の潮流は，基本的に Kenneth N. Waltz, *Theory of International Politics*, Reading, Addison Wesley, 1979 によって体現されている。

（4） Alan Milward, *The European Rescue of the Nation-State*, Londres, Routledge, 2nd edition, 2000.

（5） Robert O. Keohane et Joseph S. Nye, *Transnational relations and World Politics*, Cambridge, Harvard University Press, 1972.

（6） David Mitrany, *A Working Peace System*, Chicago, Quadrangle Books, 1966.

（7） Ernst Haas, *The Uniting of Europe. Political, Social and Economic Forces 1950–1957*, Londres-Stanford, Stanford University Press, 2nd edition, 1968.

（8） Alexander Wendt, 《The Agent-Structure Problem in International Relations Theory》, *International Organization*, 41–3, Summer 1987; Joseph Lapid, 《The Third Debate: On the Prospects of International Theory in a Post-Positivist Era》, *International Studies Quarterly*, vol. 33, No. 3, 1989, pp. 235–251.

（9） Robert Frank, 《Mentalitaten, Vorstellungen und internationale Beziehungen》, in Internationale

Geschichte. *Themen-Ergebnisse-Aussichten*, Wilfried Loth-Jurgen Osterhammel (Hrsg), München, R. Oldenbourg Verlag, 2000, pp. 159–185 参照。

(10) 本書第2章「フランスとヨーロッパ建設——連続と断絶」参照。

**ヨーロッパ史に関する考察**

Jacques Le Goff, *La vieille Europe et la nôtre*, Paris, Seuil, 1994.

Alan Milward, *The European Rescue of the Nation-State*, Londres, Routledge, 2 édition, 2000.

Edgar Morin, *Penser l'Europe*, Paris, Gallimard, 1e édition 1987, 2e édition 1990, "Second épilogue: Repenser l'Europe" écrit après les événements de 1989.

Paul W. Schroeder, *The Transformation of European Politics, 1763-1848*, Oxford, 1994.

Jean Bérenger et Georges-Henri Soutou (dir.), *L'ordre européen du XVIe au XXe siècle* (sous la direction de Presses de l'Université de Paris-Sorbonne, 1998.

Nicolas Roussellier, 《Pour une écriture européenne de l'histoire de l'Europe》, *XXe siècle. Revue d'histoire*, no 38, avril-juin 1993, pp. 74-89.

Jean-Pierre Rioux, 《Pour une histoire de l'Europe sans adjectif》, *XXe siècle. Revue d'histoire*, no 50, avril-juin 1996, pp. 101-110.

Jean-Clément Martin, 《Quelle histoire pour l'Europe?》, *XXe siècle. Revue d'histoire*, no 53, janvier-mars 1997.

Robert Frank, 《L'histoire de l'Europe: l'histoire d'un problème et une histoire du temps présent》, *XXe siècle. Revue d'histoire*, juillet-septembre 2001.

*de la France et de la Grande-Bretagne depuis 1945: l'inévitable ajustement*, Presses de la Fondation nationale des Sciences politiques, 1990.

Robert Frank, 《La mésentente commerciale franco-britannique》, *Relations internationales*, n° 55, 1989.

### (6) 国際関係とヨーロッパに関する考察

#### 政治学者と国際関係

*Jean-Jacques Roche, Théories des relations internationales,* Paris, Éditions Montchrestien, 4e édition, 2001, 158 pages.

Marie-Claude Smouts (dir.), *Les nouvelles relations internationales*, Paris, Presses de Science Po, 1998.

Hans J. Morgenthau, *Politics among Nations. The Struggle for Power and Peace,* New York, Alfred Knopf, 1e édition, 1948, 6e édition 1985. Le courant 《néo-réaliste》, qui insiste plus sur le système des puissances, est essentiellement incarné par Kenneth N. Waltz, *Theory of International Politics,* Reading, Addison Wesley, 1979.

Alan Milward, *The European Rescue of the Nation-State*, Londres, Routledge, 2 édition, 2000.

Robert O. Keohane et Joseph S. Nye, *Transnational relations and World Politics,* Cambridge, Harvard University Press, 1972.

David Mitrany, *A Working Peace System*, Chicago, Quadrangle Books, 1966.

Ernst Haas, *The Uniting of Europe. Political, Social and Economic Forces 1950-1957*, Londres-Stanford, Stanford University Press, 2e édition, 1968.

Alexander Wendt, 《The Agent-Structure Problem in International Relations Theory》, *International Organization*, 41-3, Summer 1987, pp. 335-370; Josef Lapid, 《The Third Debate: On the Prospects of International Theory in a Post-Positivist Era》, *International Studies Quarterly*, 1989, vol. 33, n° 3, pp. 235-251.

Zaki Laidi (dir.), *Géopolitique du sens*, Paris, Desclée de Brouwer, 1998.

#### 歴史家と国際関係

Pierre Renouvin et Jean-Baptiste Duroselle, *Introduction à l'histoire des relations internationales,* Paris, Armand Colin, 1ère édition, 1964, 4e édition collection Agora Pocket, 1991.

Jean-Baptiste Duroselle, *Tout empire périra. Une vision théorique des relations internationales*, Paris, Publications de la Sorbonne, 1981.

Michael J. Hogan, Thomas G. Paterson (dir.), *Explaining the History of American Foreign Relations*, Cambridge, New York..., Cambridge University Press, 1991.

Wilfried Loth et Jürgen Osterhammel (dir.), *Internationale Geschichte. Themen-Ergebnisse-Aussichten*, München, R. Oldenbourg Verlag, 2000.

Jacques Marseille, *Empire colonial et capitalisme français: histoire d'un divorce*, Paris, Albin Michel, 1984.

## (5) 英独仏とヨーロッパ

Jacques Bariéty, Les relations franco-allemandes après la première guerre mondiale, 1918-1925, Paris, Pedone, 1975.

Marie-Thérèse Bitsch (dir.), Le couple France-Allemagne et les institutions européennes. Une postérité pour le plan Schuman, Bruxelles, Bruylant, 2001, pp. 537-558.

Georges-Henri Soutou, *L'alliance incertaine. Les rapports politico-stratégiques franco-allemands, 1954-1996*, Paris, Fayard, 1996.

Françoise Berger, *La France, l'Allemagne et l'acier, 1932-1952*, Thèse de doctorat, sous la direction de René Girault et Robert Frank, Université de Paris I Panthéon-Sorbonne, 2000.

Gilbert Noël, *France, Allemagne et Europe verte*, Bernc, P. Lang, 1995.

F. L'Huillier, *Dialogues franco-allemands, 1925-1933*, Paris, Ophrys, 1971.

Hans-Manfred Bock, Reinhart Meyer-Kalkus, Michel Trebitsch (dir.), *Entre Locarno et Vichy: les relations culturelles franco-allemandes dans les années trente*, Paris, CNRS éditions, 1993.

François Cochet, *Les exclus de la victoire: histoire des prisonniers de guerre, déportés et STO 1945-1985*, Paris, Kronos, SPM, 1992.

Bories Sawala, *Franzosen in 《Reichseinsatz》. Deportation, Zwangsarbeit, Altag: Erfuhrung und Erinnerungen von Kriegsgefangener und Zivilarbeiter*, 3 volumes, Frankfurt-am-Main, P. Lang, 1996.

Raïssa Mézières, *L'idée d'Europe dans* Documents, *revue des questions allemandes, 1945-1963*, mémoire de maîtrise sous la direction de Robert Frank, Université de Paris I Panthéon-Sorbonne, 1997.

Aurélien Kruse, *Les voyages officiels de Konrad Adenauer en France et de Charles de Gaulle en République fédérale, en juillet et septembre 1962, au miroir de deux grands hebdomadaires ouest-allemands*, mémoire de maîtrise sous la direction de Robert Frank, Université de Paris I Panthéon-Sorbonne, 1997.

Philip Bell, *France and Britain, 1914-1940. Entente and Estrangement,* Londres, Longman, 1996.

Philip Bell, *France and Britain, 1940-1994. The long separation,* Londres, Longman, 1997.

Françoise de la Serre, *La Grande-Bretagne et la Communauté européenne,* Paris, PUF, 1987.

Françoise de la Serre, Jacques Leruez, Helen Wallace (dir.), *Les politiques étrangères*

Bruno Riondel, *Maurice Faure et l'Europe*, thèse sous la direction de René Girault, Université de Paris I Panthéon-Sorbonne, 1999, publiée par L'Harmattan, 2000.

Robert Frank, 《Alain Savary et l'Europe》, in *Alain Savary: politique et honneur*, ouvrage coordonné par Serge Hurtig, Paris, Presses de Sciences Po, 2002, pp. 141-154.

Frédéric Bozo, *Deux stratégies pour l'Europe: de Gaulle, les États-Unis et l'Alliance atlantique, 1958-1969*, Paris, Plon, 1996.

*Georges Pompidou et l'Europe*, colloque 25-26 novembre 1993, Association Georges Pompidou, Bruxelles, Editions Complexe, 1995.

Élisabeth du Réau, 《La politique européenne de François Mitterrand》, in Serge Berstein, Pierre Milza, Jean-Louis Bianco (dir.), *Les années Mitterrand, les années du changement, 1981-1984*, Paris, Perrin, 2001.

Robert Frank, 《Les effets de l'élection de François Mitterrand dans le monde》, in Serge Berstein, Pierre Milza, Jean-Louis Bianco (dir.), *Les années Mitterrand, les années du changement, 1981-1984*, Paris, Perrin, 2001.

フランス経済とヨーロッパ

Fernand Braudel et Ernest Labrousse (dir.), *Histoire économique et sociale de la France*, volume 4, Jean Bouvier et autres: *L'ère industrielle et la société d'aujourd'hui* (*1880-1980*), 2 tomes, paris, PUF, 1979 et 1980.

François Caron, *Histoire économique de la France XIXe-XXe siècles*, Paris, Armand Colin, 1981.

Sophie Chauveau, *L'économie de la France au XXe siècle*, Paris, SEDES, 2000.

Robert Frank, 《Le dilemme français: la modernisation sous influence ou l'indépendance dans la décadence》, in René Girault et Robert Frank (dir.), *La puissance française en question! 1945-1949*, Paris, Publications de la Sorbonne, 1988, pp. 137-156; publié également en anglais: 《The French Dilemma: Modernization with Dependance or Independance and Decline》, in Josef Becker, Franz Knipping (eds.), *Power in Europe? Great Britain, France, Italy and Germany in a Postwar World 1945-1950*, Berlin, New York, Walter de Gruyter, 1986, pp. 263-281.

Michel Margairaz, 《Jean Monnet et la puissance française en 1948》, in René Girault et Robert Frank (dir.), *La puissance française en question 1945-1949*, Paris, Publications de la Sorbonne, 1988.

Claire Andrieu, *Le programme commun de la Résistance: des idées dans la guerre*, Paris, Éditions de l'Érudit, 1984.

Antoine Prost, Lucette Le Van, Claire Andrieu (dir.), *Les nationalisations de la Libération: de l'utopie au compromis*, Paris, Presses de la Fondation nationale des Sciences politiques, 1987.

## (4) フランスの対外政策・ヨーロッパ政策

### フランスの対外政策

Pierre Guillen, *L'Expansion 1881-1898*, collection《Politique étrangère de la France》, Paris, Imprimerie nationale, 1984.

Jean-Baptiste Duroselle, *La Décadence 1932-1939*, collection《Politique étrangère de la France》, Paris, Imprimerie nationale, 1979.

Jean-Baptiste Duroselle, *L'Abîme 1939-1945*, collection《Politique étrangère de la France》, Paris, Imprimerie nationale, 1982.

Pierre Gerbet (dir.), *La Relève 1944-1949*, collection《Politique étrangère de la France》, Paris, Imprimerie nationale, 1991.

Maurice Vaïsse, *La Grandeur. Politique étrangère du général de Gaulle, 1958-1969*, Paris, Fayard, 1998.

Maurice Vaïsse, Pierre Mélandri et Frédéric Bozo (dir.), *La France et l'OTAN, 1949-1996*, Bruxelles, Complexe, 1996.

François Bédarida et Jean-Pierre Rioux (dir.), *Pierre Mendès France et le mendésisme: l'expérience gouvernementale 1954-1955 et sa postérité*, Paris, Fayard, 1985.

René Girault (dir.), *Pierre Mendès France et le rôle de la France dans le monde*, Presses de l'Université de Grenoble, 1991.

Robert Frank, "La France et son rapport au monde au XXe siècle", *Politique étrangère*, n° 3-4 automne-hiver 2000, numéro spécial: "1900-2000: cent ans de relations internationales", pp. 827-839.

### フランスのヨーロッパ政策

Robert Frank, *La hantise du déclin. Le rang de la France en Europe (1920-1960): finances, défense et identité nationale*, Paris, Belin, 1994.

Robert Frank,《Les incidences nationales et internationales de la défaite française: le choc, le trauma et le syndrome de quarante》, in *La campagne 1940*, sous la direction de Christine Lévisse-Touzé, Paris, Taillandier, 2001.

Robert Frank,《La France de 2002 est-elle eurofrileuse?》, *Revue politique et parlementaire*, n° 1017-1018, numéro intitulé《France 2002: mutations ou ruptures?》, mars-avril 2002, pp. 190-199.

Robert Frank,《The Meanings of Europe in French National Discourse: a French Europe or an Europeanized France?》, in Bo Strath (dir.), *The Meanings of Europe*, Berne, P. Lang, 2002.

Laurence Badel, *Le grand commerce français: un milieu libéral et européen*, Paris, Comité pour l'histoire économique et financière de la France, 2000.

Lorenzo Morselli, *Francis Delaisi et l'Europe*, mémoire de maîtrise sous la direction de Robert Frank, Université de Paris I Panthéon-Sorbonne, 2001.

René Girault (dir.), *Identités et conscience européennes au XXe siècle*, Paris: Hachette, 1994, 234p.

Hartmut Kaelble, *Vers une société européenne*, Paris, Belin, 1988.

Éric Bussière, Michel Dumoulin (dir.), *Milieux économiques et intégration européenne en Europe occidentale au XXe siècle*, Artois Presses Université, 1998.

Élisabeth du Réau (dir.), *Europe des Elites? Europe des peuples?: la construction de l'espace européen, 1945-1960*, Paris, Presses de la Sorbonne nouvelle, 1998, 345p. (Espace européen).

Antoine Fleury et Robert Frank (dir.), *Le rôle des guerres dans la mémoire des Européens*, Berne, Euroclio, Peter Lang, 1997, 192p.

Marie-Thérèse Bitsch (dir.), *Jalons pour l'histoire du Conseil de l'Europe*, Berne, P. Lang, 1997.

Marie-Thérèse Bitsch et Wilfried Loth (dir.), *Institutions européennes et identités européennes*, Bruxelles: Bruylant, 1998. 523p.

Andrée Bachoud, Josefina Cuesta, Michel Trebitsch (dir.), *Les intellectuels et l'Europe de 1945 à nos jours*, Paris, Publications universitaires, Denis Diderot, 2000.

Élisabeth du Réau et Robert Frank (dir.), *Dynamiques européennes: nouvel espace et nouveaux acteurs (1968-1981)*, Paris, Publications de la Sorbonne, 2002.

Robert Frank (dir.), *Les identités européennes au XXe siècle: diversité, convergences et solidarités*, ouvrage à paraître en 2003.

H. S. Chopra et Robert Frank (dir.), *National Identity and Regional Cooperation. European integration and South Asian Perceptions*, New-Delhi, 1998.

Bruno Cautrès et Dominique Reynié (dir.), *L'opinion européenne*, Paris, Presses de Sciences Po, 2000.

Robert Frank, 《Les contretemps de l'aventure européenne》, *XXe siècle. Revue d'histoire*, nº 60, octobre-décembre 1998, pp. 82-101.

### (3) 欧米関係

Gérard Bossuat, *L'Europe occidentale à l'heure américaine: le plan Marshall et l'unité européenne, 1945-1952*, Bruxelles, Complexe, 1992.

Gérard Bossuat, *La France, l'aide américaine et la construction européenne, 1944-1954*, Paris, Comité pour l'histoire économique et financière de la France, 1997.

Pierre Mélandri, *Les Etats-Unis et l'unification de l'Europe*, Paris, Publications de la Sorbonne, 1975.

Régine Perron, *Le marché du charbon, un enjeu entre l'Europe et les Etats-Unis de 1945 à 1958*, Paris, Publications de la Sorbonne, 1996.

# 文献案内

## (1) 一般書

Lucien Bély, *Les relations internationales en Europe XVIIe-XVIIIe siècles,* Paris, 3ème édition, 2001.

Marie-Thérèse Bitsch, *Histoire de la construction européenne de 1945 à nos jours.* Bruxelles: éd. Complexe, 1996. 331p., 2e éd. 1999, 360p. (Questions au XXe siècle).

Gérard Bossuat, *Les fondateurs de l'Europe.* Paris: Belin, 1994, 2e édition, 2001.

Élisabeth du Réau, *L'idée d'Europe au XXe siècle: des mythes aux réalités.* Bruxelles: éd. Complexe, 1996. 371p. (Questions au XXe siècle). Bibliogr, pp. 352-362.

Pierre Gerbet, *La construction de l'Europe.* 3ème éd.. Paris: Imprimerie nationale, 1999, 617p. (Notre siècle).

Antoine Fleury (dir.), *Le plan Briand d'union fédérale européenne: perspectives nationales et transnationales avec documents,* Berne, Peter Lang, 1998.

Raymond Poidevin et Dirk Spierenburg, *Histoire de la Haute Autorité de la Communauté européenne du charbon et de l'acier: une expérience supranationale?* Bruxelles, Bruylant, 1993.

Régine Perron, *Le marché du charbon, un enjeu entre l'Europe et les Etats-Unis de 1945 à 1958,* Paris, Publications de la Sorbonne, 1996.

*Les pères de l'Europe. 50 ans après. Perspectives sur l'engagement européen,* actes du colloque international des 19 et 20 mai 2000, Bruxelles, palais d'Egmont, Textes réunis par Paul-E. Smets, en collaboration avec Mathieu Ryckewaert, Bruxelles, Bruylant, 2001.

Éric Roussel, *Jean Monnet, 1888-1979,* Paris, Fayard, 1996.

Gérard Bossuat et Andreas Wilkens (dir.), *Jean Monnet, l'Europe et les chemins de la paix,* actes du colloque de Paris (mai 1997), Paris, Publications de la Sorbonne, 1999.

René Girault et Robert Frank, *Turbulente Europe et nouveaux mondes, 1914-1941,* Paris, Masson, 2e édition, 1998.

René Girault, Robert Frank, Jacques Thobie, *La loi des géants, 1941-1964,* Paris, Masson, 1993.

## (2) ヨーロッパ・アイデンティティー

Hélène Ahrweiler et Maurice Aymard (dir.), *Les Européens,* Paris, Hermann, 2000, 612p.

# 訳者あとがき

本書は、著者の序文に書かれているように、著者ロベール・フランク教授が、日本学術振興会の外国人研究者招聘（短期）にもとづいて、二〇〇二年四月に来日し、一カ月弱滞在した際に東京、大阪、名古屋、横浜において行った講演のテキストに加筆し、さらに結論を付け加えたものの翻訳である。講演会の開催日、場所、テーマについては三頁に記載されている通りである。それぞれの講演会の開催にご尽力いただいた多くの方々、とりわけ関西大学の土倉莞爾・森本哲郎両氏、法政大学の伊集院立・羽場久浘子両氏、名城大学（当時）の剣持久木氏、横浜市立大学の永岑三千輝・松井道昭両氏、中央大学の三浦信孝氏に対し、教授の招聘を企画した者として、この場を借りてあらためてお礼申し上げたい。

著者ロベール・フランク Robert Frank 氏（一九四四年一月スコットランド生まれ）は、現代史研究を志してソルボンヌ大学に学び、故ピエール・ヴィラールの指導を受けて一九六八年にリセ歴史教員資格《アグレガシヨン》を取得したのち（フランスの歴史家の多くと同じように）、リセで教鞭をとりながらさらに研究を続けた。ヴィラールの退職後は、故ジャン・ブーヴィエの指導の下に、一九七八年「フランスの再軍備金融　一九三五〜一九三九年」と題する論文で第三期課程博士号を取得した（この学位論文は、*Le prix du réarmement 1935–1939*, Publication de la Sorbone, 1982として出版されている）。その後、パリ第一〇大学（ナンテール）の現代史の助手、助教授、現代史研究所 Institut d'Histoire du Temps Présent 所長（一九九一〜一九九四年）などを歴任し、故ルネ・ジローの後を引き継ぎ、一九九四年秋からパリ第一大学（パンテオン・ソルボンヌ）の国際関係史講座の教授の職にある。一九九〇年には、それまでの研究を「衰退の強迫観念――欧州におけるフランスの地位　一九二〇〜一九六〇」と題する論文に纏め、教授資格を取得している（この論文は、*La hantise du déclin la France, 1920–1960: finances, défense et identité nationale*, Belin, 1994として出版されている）。また一九九五年から、ルネ・ジローに代わって、「欧州共同体歴史家連絡協議会」の代表を務め、欧州統合史に関する国際的な共同研究を組織するとともに、二〇〇一年からは国際関係史研究者の世界的な団体である「国際関係史学会」事務局長を務めるなど、フランスはもとより欧州を代表する国際関係史・欧州統合史研究の第一人者である。

　フランク氏の公刊業績については、当然のことながら、両大戦間のフランスの対外政策を扱ったものが多いが、ルネ・ジローに代わって欧州統合史研究の指導者を引き受けてからは、次第に統合史関係の業績が増えている。しかしよく知られているように、フランスの国際関係史学は、その創始者ピエール・ルヌーヴァン以来、国際関係に作用するさまざまな要因を指す「深層の力」（地理的条件、人口動態、経済的・金融的利害、集合心性、心情など）を重視する方法論を特徴とし、フランク氏の研究もこの知的風土の影響を強く受けている。そのことは、一九二〇年代末に一九六〇年代から一九七〇年代にフランスを代表する経済史家であったヴィラールやブーヴィエの薫陶を受けたことにも示されている。そのために国際関係史固有の業績にとどまらず、フランク氏は現代経済史に関する造詣も深く、通貨・金融史や経済政策史などに関する論文をいくつか発表している。訳者とフランク氏との親交のきっかけも、一九三〇年代の経済政策史に対する関心を共有していたことが縁で、訳者が一九八六～一九八七年の間、当時同氏が勤務していたパリ第一〇大学に客員研究員として受け入れてもらったことにある。

フランク氏は今回の招聘以前、三回来日の経験があったが、いずれも国際会議に出席するための数日間の滞在であった。二〇〇〇年の四月と一〇月に相次いで開催されたＮＩＲＡ（総合研究開発機構）の「東アジアにおける通貨統合」に関する国際ワークショップと「第一七回よこはま二一世紀フォラム――欧州統合と日本」の場で同席した際に、欧州統合史に関する講演・セミナーを行うために、学術振興会の制度を使って招聘する計画を提案し、同意を得た。その後、二〇〇一年一二月に訳者がパリに出張した際に、ソルボンヌの研究室で具体的なテーマについて相談し、訳者が提案した四つのテーマにフランク氏から提案された「英仏独トリアーデ」を加えた五つのテーマが出来上がった。

訳者が、このような計画を考えた動機は、一九八〇年代末以来欧米の歴史学界で急速に進展しつつある欧州統合史研究の現状に関して展望した研究のためのガイドブックを作ることであった。わが国では、ＥＵに関する出版物がすでに多数出版されており、制度や機関の歴史を中心に、統合史についてある程度のことは知られている。しかしそれらは近年の統合史研究の成果を反映しているとは言い難い。一方、近年、若い研究者を中心に、統合史に関心を持つ人が次第に増えており、特定のテーマについて、すぐれた実証研究も発表されつつある。しかし両者の間を橋渡しする統合史の適当な「概説書」は見当たらない。

フランク氏には、このような状況を率直に話し、講演テキストは後日一冊の本にまとめて出版する考えであることを伝えた。氏は、このような訳者の意向を汲んで、各講演にはあらかじめテキストを作って臨んでくれた。講演後、参加者から出された質問を踏まえて部分的に書き直し、文献目録を付した上、統合理論に関する評価を含めた結論を追加してくれた。結論を加えたことで、一冊の書物としての本書の体裁と内容はさらに充実したものとなった。

第1章のアイデンティティーの問題は、最近の統合史研究のメインテーマの一つである。この問題の重要性を最初に指摘し、共同研究を提唱したのは、故ルネ・ジローであったが、これは集合心性や感情を重視するフランス国際関係史学の伝統を受け継いだ着想である。一九九〇年代初頭のマーストリヒト条約に関する議論は、市民の間の「ヨーロッパ意識の不足」という状況を顕在化させた。この現実に直面して、統合史家たちは、それをどのように理解し、さらに新たな「ヨーロッパの再発進」に向けて、どのようにそれを乗り越えるかという関心を掻き立てられた。このテーマは、一九八九年から一〇年間、「ヨーロッパ共同体歴史家連絡協議会」の共同研究のテーマとなり、一九九九年秋には、共同研究の総括集会がパリで開催された（その報告集は、二〇〇三年中に出版の予定である）。フランク氏の講演は、この共同研究の成果を要約したものであり、古い文化的なヨーロッパ・アイデンティティーと新しい政治的なヨーロッパ・アイデンティティーの関係、ヨーロッパ建設の必要性に関する集合感情を表すヨーロッパ意識形成の歴史的プロセス、ヨーロッパ建設がさまざまなアイデンティティーに与える影響など、興味ある問題を論じている。ミルワードが国民国家と統合を対立させて捉える連邦主義的観点を批判し、第二次大戦後における国民国家の再確立の課題と結びつけて統合を把握する視点を打ち出し、さらに統合過程の不連続性の原因について仮説を提示したことはよく知られている。フランク氏のアイデンティティー論は、ヨーロッパ意識を「よく理解された国民的利益の意識」と捉えることによって、ミルワード説と接点を持つ。さらにナショナル・アイデンティティーとヨーロッパ・アイデンティティーの対立と補完の関係という視点は、統合過程の不連続性に対するひとつの仮説と考えることもできる。

第2章のテーマは、フランスの統合政策の連続と変化を論じている。半世紀に及ぶ統合の歴史において、フランスが統合の推進役となる一方、時に統合のブレーキとなったことはよく知られている。フランク氏は、この周知の事実を周期的な現象として捉え、その原因を「影響力」を追求する国民的利益とナショナル・アイデンティティー解体に不安を抱く国民主権という二つのロジックの対立に求める。もっとも注目すべき点は、一九七〇年以後フランスとヨーロッパの関係に重要な変化が生じたことを強調していることである。とくにヨーロッパ建設の進行に対応して、ナショナル・アイデンティティーが進化し、フランス国民の多数派において、それはもはやヨーロッパ・アイデンティティーと排他的ではなくなった、との指摘が興味深い。

第3章のテーマは、フランスとヨーロッパのいくぶん特殊な関係を示しているかもしれない。わが国の統合史研究においては、経済史的なアプローチからの研究は少ないが、フランスでは、フランク氏を含めて、経済史研究と深い関係をもつ研究者は少なくない。これはフランスの統合政策に影響を与えた第二次大戦後の国民国家再建の課題が、経済近代化に重点を置いていたことと無関係ではあるまい。この章は、意図と結果の両面からヨーロッパ建設と経済近代化の関係を要領よく纏めているが、最新の研究成果が反映されていることを除けば、とくに新しい指摘がなされているようには見えない。しかしここでも「心性上の現象」に注目し、「経済・通貨に関する文化の進化」とミッテラン政権による「文化革命」（通貨文化の革命）を指摘している点は、いかにもフランク氏らしいと言えよう。

第4章は、昨今のアジアや世界の状況に照らすとき、きわめて興味深いテーマを論じている。「仏独枢軸」が統合の推進力であることは、周知のことに属するが、その前提となる両国の和解のプロセスとなると、未だ十分に解明されてはいない。フランク氏の基本的な視点は、国家のレベルと社会ないし国民のレベルにおける変化の並存として仏独和解を捉えることである。前者の変化については、フランスのドイツ政策の変化を巡って、わが国でもすでに知られていることは多いが、後者のレベルの変化に関する指摘は、非常に新鮮味を感じさせる。「他者イメージ」の変化とそこにおける「より良い未来に対する強い欲求」の影響、戦争の記憶にかかわるシンボルや言葉の重要性といった論点とともに、興味深い。

第5章は、一九世紀末以後の一世紀において、英仏独三国関係がヨーロッパの「均衡」と「秩序」に果たした役割を検討しているが、これはイラク戦争に関連してわれわれの記憶に新しいテーマでもある。フランク氏は、両大戦間から戦後にかけた英仏関係史に関する業績も多く、この分野に関するフランスの専門家の一人である。イラク戦争の際には、米英と仏独の間の対立が目立ったが、ここでは長期的な観点から、三国関係の質的変化とブレア政権下のイギリスの態度変化を重視し、今後の英仏独協調の進展の可能性について比較的ポジティブな予想を示している点が注目される。この点は別にしても、仏独カップルが英仏ないし英独のカップルに比べて重要な役割を演じた理由について、経済的、政治的、軍事的な観点からの論点整理が行われていることは、貴重である。

結論は、講演テキストを纏めるに際して書き下ろされた部分である。そこではヨーロッパ国際関係に関する理想主義と現実主義、さらに制度主義、新機能主義、建設主義などさまざまな統合理論に対して、史実に基づく歴史家の立場から批判的コメントが加えられている。統合理論に対する歴史家の批判としては、国民国家の利害を重視する現実主義の立場から連邦主義的な理想主義を批判したミルワードが有名であるが、それに比べれば、フランク氏の評価は、各理論の長所と短所についてバランスがとれている。とくに世論や公共空間の形成に関連して、理想主義的アプローチの再生に期待を寄せていること、建設主義のアプローチに沿って、アイデンティティーの変化に対して心性や集合記憶が及ぼす役割を強調している点があらためて留意されよう。

著者も記しているように、本書はフランス史の立場から統合史研究の現状について概観した入門書である。当然のことながら、別の国の歴史から統合史を論じるとすれば、本書と同じテーマが扱われるとは限らない。しかし本書の論点の多くは、統合史全体にかかわる重要なテーマを取り扱っていることは疑いない。本書が、少しでもわが国の統合史研究に資する所があれば幸である。

二〇〇三年六月

訳者記す

【訳者紹介】

廣田　功（ひろた　いさお）

1944年愛知県生まれ．1974年東京大学大学院経済学研究科博士課程単位所得退学．現在，東京大学大学院経済学研究科教授．

主な業績：『現代フランスの史的形成——両大戦間期の経済と社会』（東京大学出版会，1994年），『転換期における国家・資本・労働』（共編著，東京大学出版会，1988年），『市場と地域——歴史の視点から』（共編著，日本経済評論社，1993年），『地域と国家——フランス・レジョナリスムの研究』（共著，日本経済評論社，1992年），『戦後再建期のヨーロッパ経済——復興から統合へ』（共編著，日本経済評論社，1998年）ほか．


欧州統合史のダイナミズム——フランスとパートナー国——

2003年7月15日　第1刷発行　定価（本体1800円＋税）

著　者　ロベール・フランク
訳　者　廣　田　　功
発行者　栗　原　哲　也

発行所　株式会社　日本経済評論社



〒101-0051　東京都千代田区神田神保町3-2
電話　03-3230-1661　FAX　03-3265-2993
E-mail: nikkeihy @js7. so-net. ne.jp
URL : http : //www. nikkeihyo. co. jp



文昇堂印刷・山本製本所
装丁＊渡辺美知子

乱丁落丁はお取替えいたします．　Printed in Japan





ISBN4-8188-1534-9